TALENTOS, ESTRATÉGIA, RISCOS

BILL MCNABB   RAM CHARAN   DENNIS CAREY

TALENTOS, ESTRATÉGIA, RISCOS

Como investidores e conselhos estão repensando o TSR para gerar crescimento no longo prazo

Benvirá

Copyright © 2021 Harvard Business School Publishing Corporation.
Published by arrangement with Harvard Business Review Press.
Unauthorized duplication or distribution of this work constitutes copyright infringement.

Direção executiva Flávia Alves Bravin
Direção editorial Ana Paula Santos Matos
Gerência editorial e de produção Fernando Penteado
Gerenciamento de catálogo Clarissa Oliveira
Design e Produção Daniele Debora de Souza (coord.)
                     Daniela Nogueira Secondo

Tradução Cris Yamagami
Revisão Maurício Katayama
Diagramação Desígnios Produção Gráfica e Editorial
Capa Deborah Mattos
Impressão e acabamento Gráfica Paym

Dados Internacionais de Catalogação na Publicação (CIP)
Odilio Hilario Moreira Junior – CRB-8/9949

M478t	McNabb, Bill
	Talentos, Estratégia, Riscos: como investidores e conselhos estão repensando as estratégias para gerar crescimento no longo prazo / Bill McNabb, Ram Charan, Dennis Carey ; traduzido por Cris Yamagami. – São Paulo : Benvirá, 2023.
	224 p.
	Tradução de: *Talent, Strategy, Risk: how investors and boards are redefining TSR*
	ISBN 978-65-5810-035-5 (Impresso)
	1. Comunicação. 2. Negócios. 3. Empreendedorismo. I. Yamagami, Cristina. II. Título.
	CDD 658.401
2022-2098	CDU 658.011.2

Índices para catálogo sistemático:
1. Administração : gestão   658.401
2. Administração : gestão   658.011.2

1ª edição, outubro de 2022

Nenhuma parte desta publicação poderá ser reproduzida por qualquer meio ou forma sem a prévia autorização da Saraiva Educação. A violação dos direitos autorais é crime estabelecido na Lei n. 9.610/98 e punido pelo art. 184 do Código Penal.

Todos os direitos reservados à Benvirá, um selo da Saraiva Educação.
Av. Paulista, 901, Edifício CYK, 4º andar
Bela Vista - São Paulo - SP - CEP: 01311-100

SAC: sac.sets@saraivaeducacao.com.br

CÓD. OBRA	711498	CL	671045	CAE	800416

Aos meus colegas da Vanguard: obrigado por tudo o que vocês fazem em nome dos investidores do mundo todo. Vocês me inspiram a cada dia que passa.
— BILL McNABB

Aos corações e às almas da família de doze irmãos e primos que passou cinquenta anos vivendo sob o mesmo teto e cujos sacrifícios pessoais me possibilitaram estudar.
— RAM CHARAN

Aos CEOs, conselhos e investidores que atuam na linha de frente para construir empresas melhores, de alto crescimento, sustentáveis e competitivas para o benefício de todos os stakeholders.
— DENNIS CAREY

SUMÁRIO

Prólogo:
Mudanças na comunidade de investimentos que levaram a este livro 9

Introdução:
Redefinindo a governança corporativa para o longo prazo 17

PARTE I
O novo TSR
Um modelo de gerenciamento para o longo prazo 31

Capítulo 1
A importância dos talentos 33

Capítulo 2
O imperativo estratégico 67

Capítulo 3
Gestão de riscos 95

PARTE II

As melhores práticas dos conselhos
Gerenciando para o novo TSR e criando valor de longo prazo 119

Capítulo 4
Crie um conselho capaz 121

Capítulo 5
Redesenhe os comitês do conselho 147

Capítulo 6
Diversifique as informações 165

Capítulo 7
Garanta o engajamento com os investidores 181

CONCLUSÃO:
ESG: *O quadro geral, não apenas uma peça do quebra-cabeça*.... 211

Agradecimentos 217

Sobre os autores 221

Veja também o material exclusivo à edição brasileira
disponível no Saraiva Conecta:

https://somos.in/TER1

Prólogo

MUDANÇAS NA COMUNIDADE DE INVESTIMENTOS QUE LEVARAM A ESTE LIVRO

Por Bill Mcnabb

Na primavera de 1986, eu estava conversando com um amigo na varanda da casa dele na Filadélfia. Tarde da noite, tomando cerveja e comendo um sanduíche de bife com queijo da lanchonete Dalessandro's, um clássico da cidade, contei que tinha recebido uma oferta para trabalhar na Vanguard, a empresa de fundos mútuos fundada por Jack Bogle 11 anos antes.

Contei que, pelas conversas que tive com pessoas que trabalhavam lá — incluindo Bogle e Jack Brennan, o presidente —, deu para ver que eles estavam tentando criar algo diferente. A paixão deles era trabalhar em prol dos pequenos investidores e poupadores.

A Vanguard se destacava dentre as empresas de investimento. Era — e continua sendo — a única empresa de fundos mútuos que não é de capital aberto, não é controlada por seus fundadores nem é uma empresa de capital fechado. Os proprietários da empresa são seus clientes — os fundos mútuos que a Vanguard administra, que, por sua vez, são de propriedade dos investidores desses fundos. O foco da Vanguard é o investidor pessoa física, sendo que a empresa foi pioneira em fundos de índice, que compram e mantêm ações em perpetuidade. Mas, na época, a empresa ainda era jovem e, apesar de o investimento em índices estar começando a se popularizar, muita gente via os fundos de índice como, no máximo, uma curiosidade.

Eu tinha 29 anos e me formara pela Wharton apenas três anos antes. Tinha passado dois anos dando aulas de latim no ensino médio, fui treinador de vários esportes e passei um tempinho em Wall Street, tempo suficiente para entender o modelo e a mentalidade de lá. Eu sabia que a estrutura da Vanguard e sua maneira de ver as coisas eram absolutamente revolucionárias.

Meu amigo percebeu minha empolgação. "Acho que você deveria aceitar o emprego", ele me aconselhou. Eu estava diante de uma chance de fazer parte de algo em que acreditava e não deixar Wall Street me dizer o que fazer.

Cerca de três décadas e meia depois, a Vanguard continua sendo uma empresa que defende todos os investidores. Em termos mais gerais, a Vanguard ajudou a transformar a maneira como as pessoas investem e cada vez mais pessoas ao redor do mundo passaram a investir por meio de fundos de índice e outros veículos de longo prazo.

As necessidades do investidor de longo prazo

A natureza dos investidores dos mercados de participação acionária em empresas de capital aberto mudou muito nas últimas décadas. Nos dias de hoje, eles são muito mais focados no longo prazo. Em 2020, os fundos de índice (incluindo fundos negociados na bolsa) detinham 41% dos ativos de fundos mútuos dos Estados Unidos, um crescimento enorme em comparação com os 11% em 2000, segundo a Morningstar.

E os fundos de índice têm muito pouco volume de negociação. No caso do Vanguard 500 Index Fund, que acompanha o índice S&P 500, a taxa média de turnover anual de seu portfólio foi de apenas 3,6% entre 2010 e 2019. Enquanto isso, os fundos norte-americanos que tentaram bater o S&P 500 tiveram uma taxa média de rotatividade de 65,3% no mesmo período, de acordo com a Morningstar. Analisando esses dados de outra perspectiva, o período médio no qual o fundo de índice mantinha um título foi de cerca de 28 anos; para os fundos ativos em geral, o período foi de apenas cerca de dezoito meses.

É importante lembrar que "o mercado" é composto, em grande parte, por pessoas reais que poupam e investem para garantir uma segurança financeira no futuro. Estimamos que as pessoas físicas detenham mais de três quartos das ações do mercado de ações norte-americano, diretamente ou por meio de fundos mútuos, com base em dados do Federal Reserve e do Banco Mundial.

Gosto de lembrar às pessoas que o capital não é da Vanguard, nem da Fidelity, nem da BlackRock. São as economias e os investimentos de milhões de pessoas e famílias, sendo que muitas investem por meio de planos de aposentadoria patrocinados pelo empregador, planos de poupança para pagar a faculdade dos filhos e planos de previdência privada. O mercado é composto por pessoas com objetivos de longo prazo investindo por meio de veículos de investimento de prazo cada vez mais longo.

Agora que me aposentei de meus cargos de liderança na Vanguard, estou tendo a chance de atuar no conselho de algumas empresas de capital aberto. A experiência me ajudou a entender o ponto de vista dos dois lados da mesa. Uma das primeiras lições que aprendi no conselho de uma empresa de capital aberto foi a importância de conhecer a base de investidores — analisando os tipos de investidores que têm as ações da empresa e por quê.

Os investidores mantêm ações de uma empresa por períodos que podem variar de milissegundos a horas, dias, meses ou até décadas. Alguns investidores fazem questão de dizer à empresa o que pensam enquanto outros ficam em silêncio e você pode nunca saber que eles tiveram ações da empresa. Mas ninguém se preocupa tanto com a saúde de longo prazo de uma empresa quanto seus investidores permanentes.

Na Vanguard, percebemos que as empresas de capital aberto nem sempre faziam questão de ouvir o investidor de longo prazo. A infraestrutura de investimentos dos mercados de capital aberto gira no ritmo dos movimentos diários das ações, ciclos de relatórios trimestrais e encontros anuais. Os fundos de índice não participam necessariamente dessa conversa. Eles se voltam mais à governança e à supervisão do conselho tendo em vista o longo prazo.

No início deste século, produtos de empresas como a Vanguard eram conhecidos como fundos de índice passivos. Na verdade, ninguém levava a governança a sério como deveria — exceto os primeiros ativistas. Eles estavam começando a exercer uma influência indevida sobre as empresas das quais eles detinham uma posição muito menor do que a nossa. E as mudanças que eles queriam nem sempre eram do interesse de longo prazo da empresa.

A situação levou a Vanguard e outras empresas de investimento a dar uma parada e dizer: "Espere aí, somos grandes detentores de longo prazo, ou até permanentes, de ações de algumas dessas empresas. E muitos ativistas estão forçando as empresas a fazer coisas que podem reduzir o valor de longo prazo para os nossos acionistas". Era hora de repensarmos nosso relacionamento com as empresas nas quais nossos acionistas investiram por meio de nossos fundos.

A Vanguard sempre foi obcecada em proteger os interesses de seus acionistas. Se você investir na Vanguard, é um proprietário dela. Os gestores de fundos de índice não podem vender ações de empresas só porque não gostam delas. A única maneira de um fundo de índice influenciar as empresas é por meio de práticas de governança. Queríamos que o conselho de todas as empresas se engajasse com os proprietários de sua empresa da mesma forma como nós nos engajamos com os nossos. Foi assim que a Vanguard decidiu se tornar mais ativa e engajada.

Um dos marcos da história da Vanguard ocorreu em 2002, na esteira dos enormes problemas de governança corporativa da Enron, WorldCom, Adelphia e outras. Jack Brennan, na época CEO da Vanguard, escreveu para os líderes de 450 empresas nas quais os fundos da Vanguard tinham uma considerável participação acionária. Sua carta expôs as expectativas da Vanguard em questões de governança, como composição do conselho, remuneração dos executivos, auditorias independentes e direitos dos acionistas.

Os escândalos corporativos e as reformas que se seguiram — como o endurecimento das exigências de listagem nas principais bolsas de valores e a Lei Sarbanes-Oxley de 2002, que tem como objetivo garantir a criação de mecanismos de auditoria e segurança nas empresas — levaram conselhos de administração do mundo todo a prestar muita atenção à governança de suas empresas. Mas ainda estávamos longe de fazer a ponte entre as empresas de capital aberto e seus acionistas de prazo mais longo.

Várias organizações do mercado financeiro e instituições acadêmicas ajudaram a construir essa ponte. A Universidade Columbia, a Universidade Drexel, a Universidade Harvard e a Universidade de Delaware organizaram vários fóruns onde grandes investidores de longo prazo, membros de conselhos corporativos e equipes de gestão se reuniram para discutir questões como o papel do conselho na supervisão de riscos, o engajamento dos acionistas e a remuneração de executivos.

Lembro-me do discurso programático de Brennan no encontro anual de membros do conselho Drexel Directors Dialogue de 2010, no qual ele disse a um auditório cheio de membros de conselhos corporativos que eles deveriam pensar em seus acionistas permanentes como seu stakeholder mais importante. Ele disse: "Todas as decisões devem ser orientadas pelas respostas às seguintes perguntas: Como essa decisão afetará nossos acionistas permanentes? A decisão que estamos tomando hoje alinha nossos interesses com os deles?" Na época, era uma ideia revolucionária.

Nos anos que se seguiram, diálogos produtivos continuaram ocorrendo entre os investidores e as empresas nas quais eles investiam. Os conselhos começaram a entender melhor seus investidores de prazo mais longo. Eu sempre digo a muitos membros do conselho, em grandes e pequenos encontros, que os investidores de índices como a Vanguard vão manter suas ações nos bons e nos maus momentos. Não vamos questionar as decisões que eles tomam a cada trimestre.

Mas os investidores de longo prazo querem saber qual é a sua visão estratégica de longo prazo para a empresa e como a governança do conselho se alinha com essa estratégia. Você tem o conselho de administração certo para o presente e para o futuro? O conselho conhece, monitora e supervisiona os riscos mais importantes? Os planos de remuneração incentivam os executivos a superar o desempenho de outras empresas e criar valor para os investidores de longo prazo? Os seus acionistas têm voz? E vocês ouvem o que eles têm a dizer? Esses fatores podem melhorar a criação de riqueza de longo prazo tanto para empresas quanto para investidores.

A importância dos mercados de capitais

Quando falo da importância da governança e da boa comunicação com os acionistas, sei muito bem que não é fácil ser uma empresa de capital aberto. Às vezes me preocupo com a possibilidade de todas essas exigências impostas às empresas de capital aberto desencorajarem algumas startups de abrir o capital. Tanto que o número de empresas de capital aberto nos Estados Unidos caiu muito nas últimas décadas, de mais de 8.000 em 1996 para cerca de 4.300 em meados de 2020, segundo o Banco Mundial e a análise da Bernstein Research e da Vanguard.

Na minha opinião, os Estados Unidos têm os mercados de capitais mais vibrantes do mundo. Sempre tivemos um bom equilíbrio entre empresas de capital fechado e aberto. O número de empresas de capital fechado está aumentando muito, em parte porque a queda das taxas de juros nos últimos 20 anos facilitou os empréstimos, de modo que menos empresas precisam abrir o capital para levantar fundos. Isso não é necessariamente um problema, mas o grande lance dos mercados de capital aberto é que eles possibilitam que todos se beneficiem do sucesso de uma empresa.

Nossa preocupação é que, se não tomarmos cuidado, esse equilíbrio pode não se manter. Temos notado que algumas das empresas de capital aberto mais bem administradas operam com a mentalidade de uma empresa de capital fechado. Essas empresas não se concentram em atingir um determinado preço de ações no fechamento da bolsa ou uma meta de lucro trimestral, mas em criar um sucesso que elas poderão sustentar por gerações.

Acionistas e stakeholders

Nos últimos anos, tenho me surpreendido com os debates que colocam acionistas contra stakeholders. Não sou o único a me preocupar com o fato de as empresas estarem reduzindo a importância do retorno aos acionistas ao focar demais as necessidades de outros stakeholders. Penso que esse modo de ver as coisas está completamente equivocado.

Ser um excelente empregador e um bom cidadão da comunidade, mantendo o foco no cliente, é o que leva a resultados melhores. Na Vanguard, costumávamos chamar isso de foco no tripé clientes-funcionários-comunidade. Acredito que todas as empresas deveriam cultivar esse modo de pensar e é assim que você cria valor de longo prazo. Uma coisa não exclui a outra. Não são acionistas *ou* stakeholders. São acionistas *e* stakeholders.

Todas as empresas precisam tomar decisões de curto prazo que podem aumentar o retorno aos acionistas. Mas, em longo prazo, se você quiser construir uma empresa excelente, não tem como criar um valor sustentável para o acionista sem também fornecer valor aos outros stakeholders.

As ideias que estou levantando aqui — manter saudáveis os mercados de capitais, liderar com uma perspectiva de longo prazo, levar em conta uma ampla gama de stakeholders — são conceitos que poucas pessoas contestam, como a maternidade e tortas de maçã. O difícil é colocar tudo em prática.

Neste livro, Ram, Dennis e eu tentamos colocar tudo isso em perspectiva e definir novas prioridades para os conselhos de administração apresentando um conjunto de novas práticas bem como orientações para implementá-las.

Não temos a pretensão de saber todas as respostas. Foi por isso que, para escrever este livro, recorremos aos melhores. Conversamos com os mais importantes pensadores de empresas de capital aberto, do mercado financeiro e da área de governança corporativa. Reunimos algumas das ideias mais inovadoras e interessantes para ajudar membros do conselho e executivos de empresas a colocar a teoria em prática.

Perguntamos a membros do conselho o que eles pensam sobre planejamento de sucessão, composição do conselho e como lidar com uma variedade de stakeholders. Conversamos com os CEOs de algumas das maiores empresas de capital aberto do mundo sobre como eles trabalham com seus conselhos. Conversamos com líderes de grandes empresas de gestão de ativos para saber quais são suas expectativas em relação aos conselhos de empresas de capital aberto. Perguntamos a investidores ativistas o que eles pensam sobre cultura corporativa e criação de valor.

E, quando estávamos dando os toques finais neste livro no fim de 2020, o mundo enfrentava a pior pandemia do último século. O conhecimento e as perspectivas que reunimos para escrever este livro ganharam um sentido ainda mais profundo, especialmente em questões de supervisão de riscos e a capacidade de liderar organizações com propósito, resiliência e visão de longo prazo.

Adoramos aprender com esse grupo espetacular de líderes. Esperamos que você também goste.

Introdução

REDEFININDO A GOVERNANÇA CORPORATIVA PARA O LONGO PRAZO

Mais de 200 CEOs da Business Roundtable contestam abertamente a ideia de priorizar o acionista. A maior empresa de gestão de investimentos do mundo, a BlackRock, exige que todas as empresas de seu portfólio apresentem um plano para a criação de valor de longo prazo. Os investidores institucionais, que detêm 60% das empresas da *Fortune 500*, esperam que os líderes saibam equilibrar o curto e o longo prazo.

Equilibrar o curto e o longo prazo é uma batalha sem fim, mas novos desdobramentos — além da necessidade de sair mais fortes de crises econômicas, enfrentar as mudanças climáticas e eliminar injustiças raciais — colocam os conselhos diretamente no centro do furacão sem saber exatamente o que fazer nem para onde ir.

Para atender a essas novas expectativas, quais mudanças os conselhos precisam fazer? Quais novos princípios e práticas de governança corporativa precisamos adotar tendo em vista o longo prazo? Nós três estivemos na linha de frente das mudanças na participação acionária de empresas e nas expectativas dos acionistas quanto ao comportamento dos líderes corporativos.

Como CEO da Vanguard, Bill McNabb ajudou a impulsionar a mudança na comunidade de investimentos que detém e avalia essas empresas. Os esforços de Bill remontam a 2010, quando ele falou pela primeira vez em um evento de governança da Universidade Drexel e os CEOs que estavam na plateia ficaram tão irritados com sua sugestão de que seus conselhos deveriam se engajar com os investidores que ele achou que seria expulso do evento. "Eles surtaram", Bill diz. Em 2017, a Vanguard já havia realizado quase mil reuniões presenciais e virtuais sobre o assunto com membros do conselho e executivos do mundo todo.

Em seu trabalho como consultor, Ram Charan ajudou conselhos e líderes seniores a repensar e redesenhar suas práticas de governança. Com o passar dos anos, ele vem observando uma lacuna cada vez maior entre o foco dos conselhos e os interesses dos investidores e grandes contrastes entre os conselhos de empresas públicas e os de empresas de capital fechado e empresas familiares.

Como vice-presidente da Korn Ferry, Dennis Carey ajudou a reconstituir conselhos e recrutar CEOs para atender às novas expectativas. Ao longo dos anos, ele tem visto um aumento constante das demandas às vezes conflitantes que os conselhos devem satisfazer, e ele e seus colegas da Korn Ferry conduziram um extenso levantamento para esclarecer como os conselhos afetam o desempenho da empresa.

Combinamos nossos muitos anos de experiência trabalhando com conselhos, executivos e a comunidade de investimentos para explicar o que as empresas devem mudar, em termos tanto de planejamento quanto de prática, para escapar das armadilhas do curto prazo e impulsionar a criação de valor de longo prazo.

Tudo começa repensando o retorno total ao acionista (TSR) para focar um tipo diferente de TSR.

Redefinindo o TSR

Para os investidores, a medida padrão de desempenho de uma empresa é seu retorno total ao acionista (TSR, do inglês *total shareholder return*), ou seja, a mudança no preço das ações de uma empresa com dividendos acumulados ao longo do tempo. Para os conselhos e para os gestores, focar o TSR pode levar à priorização das atividades destinadas a aumentar o preço das ações da empresa em curto prazo. A pressão para fazer isso pode vir de analistas financeiros e da imprensa especializada em negócios, bem como de investidores ativistas quando eles acreditam que uma empresa está perdendo seu potencial de mercado.

Mas o foco no TSR não garante o sucesso de uma empresa. Apesar de todas as tentativas de gerar retorno total, as empresas continuam fazendo fusões equivocadas, investindo em linhas de negócios que não dão em nada e contratando CEOs incapazes de lidar com as mudanças no cenário de negócios, sendo que todas essas decisões prejudicam os acionistas.

As empresas se colocaram nessa situação devido à falta de visão, inconsistência e foco nas metas erradas. É comum as empresas avaliarem cada iniciativa de criação de valor com base em suas próprias métricas — número de visualizações para uma iniciativa de conteúdo ou níveis de estoque para uma iniciativa de manufatura — em vez de um único conjunto de métricas financeiras importantes, como margem bruta, receitas, redução de custos e utilização de ativos. Os cronogramas costumam ser vagos e a responsabilidade pela entrega dos resultados em geral é difusa, com iniciativas colocadas nas mãos dos líderes de projeto, que só são encarregados de terminar o trabalho. A remuneração dos CEOs muitas vezes é atrelada a resultados de curto prazo, não ao sucesso ou ao fracasso dos projetos-semente dos quais o futuro da empresa depende. E muitos conselhos ignoram o que a administração faz ou deixa de fazer para se preparar para o futuro. Todos esses problemas endêmicos são inimigos da criação de valor de longo prazo.

É hora de as empresas — lideradas por seus conselhos — redirecionarem sua atenção a um novo imperativo. Do ponto de vista do capital permanente e da criação de valor de longo prazo, acreditamos que a melhor maneira de gerar retorno total ao acionista é focando em *talentos, estratégia e risco* — o novo TSR. (Veja a Figura I-1.)

A ideia é, primeiro, atrair os talentos certos — as pessoas que você quer que fiquem na empresa, cresçam e evoluam com você; depois criar uma estratégia que alinhe a empresa não com as expectativas do mercado financeiro, mas com os interesses dos investidores de prazo mais longo; e, por fim, assumir, no nível do conselho, todos os riscos que podem impedir a execução de sua estratégia.

A transição para o novo TSR começou com os investidores. À medida que os fundos de índice começaram a assumir um papel mais ativo na governança corporativa, eles focaram saber como a administração e os conselhos lidam com as principais funções corporativas, como a seleção do CEO e da equipe de liderança; o que a administração está fazendo para garantir que fusões ou as mudanças propostas na direção estratégica valham a pena; e as medidas que as empresas estão adotando para mitigar e se beneficiar dos riscos. Em outras palavras, estão olhando diretamente para os talentos, a estratégia e o risco, tanto para proteger a empresa quanto para aumentar seu valor.

Como chegamos à conclusão de que os conselhos devem focar esses três fatores e não a medida tradicional do retorno total ao acionista? Nosso insight foi que aumentar o valor para o acionista não passa de um output que os gestores querem produzir. Queríamos nos distanciar para analisar os inputs que geram esse output. Concluímos que o trio talentos, estratégia e risco engloba todo o trabalho de uma empresa, dividido em seus elementos funcionais distintos — as funções que o CEO deve gerenciar e que o conselho deve supervisionar para aumentar o retorno aos acionistas no longo prazo. O novo TSR é uma ferramenta que os conselhos podem usar para fugir da visão míope do curto prazo e se reorientar para o longo prazo. Se o conselho conseguir acertar o novo TSR, o antigo TSR será uma consequência natural.

Figura I-1

O novo TSR

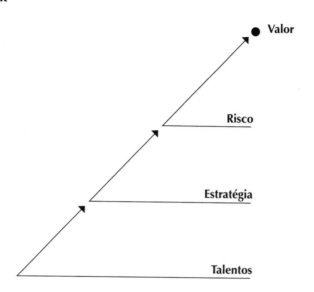

Vemos essa abordagem funcionar com enorme eficácia na Vanguard, que faz de tudo para se manter focada em talentos, estratégia e risco. A Vanguard pode atuar no negócio de investimentos, mas também é uma empresa bastante complexa, com dezoito mil funcionários, escritórios ao redor do mundo e bilhões de dólares de investimento em tecnologia. A Vanguard está muito ciente da importância do novo TSR e da capacidade de executá-lo.

As recompensas desse novo conceito de TSR não se restringem aos ganhos de mercado. Os conselhos podem ajudar a criar uma medida melhor do valor para o acionista: um crescimento de longo prazo que beneficiará tanto os acionistas quanto a sociedade como um todo. Os investidores geralmente veem os benefícios sociais como contrários aos resultados financeiros — eles tendem a achar que, digamos, uma estratégia de carbono zero implicará em custos mais altos e lucros mais baixos. Em curto prazo, pode até ser. Mas uma estratégia como essa pode gerar ganhos de longo prazo — resultantes de economias futuras, da criação de novas linhas de negócios e do fato de que as pessoas valorizarão cada vez mais as empresas que buscam atingir esses objetivos.

Até agora, as vozes mais insistentes têm clamado pelo curto prazo e as práticas corporativas reforçaram essa perspectiva. A centralidade do lucro por ação, associado aos ciclos de revisões orçamentárias e operacionais, pode gerar alto grau de miopia. Apesar das tentativas de equilibrar o pagamento de incentivos com o desempenho, a remuneração ainda se baseia em grande parte em medidas de curto prazo.

Além disso, os próprios analistas financeiros que avaliam as empresas são recompensados pelo desempenho de curto prazo. E, embora os acionistas ativistas sejam cada vez mais diversos, com uma visão variando de curtíssimo a longuíssimo prazo, alguns são mais habilidosos do que outros em chamar a atenção da administração das empresas.

A boa notícia para as empresas é que os investidores institucionais — os que detêm cerca de 50% a 60% das ações das empresas da *Fortune 500* — encontraram sua voz e estão exigindo que os conselhos atuem como um contrapeso a essa visão de curto prazo. Este livro descreve o ponto de vista desses investidores e apresenta as melhores práticas para que os conselhos agilizem seu trabalho enquanto atendem às expectativas de um amplo espectro de acionistas.

Liderando para o amanhã: um exemplo do que queremos dizer

Um conselho pode criar um enorme valor se apoiar decisões que são impopulares hoje, mas necessárias para o futuro da empresa. Vejamos, por exemplo, o que aconteceu na PepsiCo em 2013, quando o conselho foi pressionado por investidores ativistas a desmembrar a empresa. Os ganhos foram suprimidos e o preço das ações ficou estagnado. Mas a CEO Indra Nooyi apresentou ao conselho um plano detalhado para garantir o crescimento da empresa no longo prazo, incluindo uma realocação de recursos para enfatizar bebidas e *lanches* mais saudáveis. Depois de avaliar o plano e monitorar as medidas que Nooyi tomou para implementá-lo, incluindo o lançamento de novas marcas, o conselho decidiu apoiá-la. A confiança do conselho em Nooyi e a disposição de enfrentar os ativistas não demoraram a provar seu valor: em 2014, a PepsiCo deu início a uma escalada constante para um preço recorde das ações.

Um exemplo ainda mais notável das recompensas de um conselho paciente é a Amazon. O CEO Jeff Bezos sempre teve uma visão de longo prazo, e o conselho o apoiou em todas as iniciativas, incluindo a expansão da linha de produtos além de livros, frete grátis ilimitado para assinantes, streaming de vídeo, serviços de gerenciamento de dados e produção de conteúdo. Apenas dez anos atrás, os críticos reclamavam que a Amazon não estava gerando lucros suficientes e se perguntavam quando a empresa começaria a ganhar dinheiro. Hoje, a Amazon é dona do universo: em meados de 2020, tornou-se a primeira empresa a atingir uma avaliação de um trilhão de dólares.

Com o apoio do conselho, os CEOs têm mais chances de tomar medidas que se pagarão em longo prazo. Sem esse apoio, eles podem protelar. Pior ainda, qualquer empresa que queira investir em seu futuro pode ser comprada e fechar o capital, como aconteceu com a Dell Computer em 2013, quando sua base de investidores se recusou a tolerar os efeitos de uma mudança radical no negócio de PCs.

Na verdade, a ineficácia do conselho tornou-se uma ameaça à existência das empresas de capital aberto. Se uma empresa de capital aberto fracassar, ela tem três opções: uma fusão com outra empresa, uma aquisição por consórcios de investidores ou uma reformulação para satisfazer os investidores ativistas. Todas as três levaram à redução do número de empresas de capital aberto nos Estados Unidos. Questões legais e regulatórias também ajudaram a reduzir esse número.

A pressão de investidores ativistas pode impor um problema específico ao conselho. Eles podem ameaçar trocar o CEO ou desmembrar ou fundir a empresa com o objetivo de forçá-la a buscar ganhos de curto prazo em vez de construir valor de longo prazo. Se esse padrão de fechamento de capital se consolidar, o mercado de capitais se tornará um local de negociação de ações e não de alocação de capital, com enormes implicações para a sociedade ao reduzir o número de pessoas que poderão participar da criação de riqueza econômica. Os conselhos podem ser fundamentais para deter essa tendência.

Para preservar suas empresas, os conselhos podem cultivar relacionamentos com os investidores institucionais que detêm as maiores posições da empresa. O apoio desses investidores será crucial para as empresas que tentam se defender de forças externas e alcançar seus objetivos de longo prazo. Os ativistas que detêm 2% ou 3% das ações de uma empresa não conseguirão o que querem sem o apoio de alguns desses investidores institucionais. Este livro vai ensiná-lo a colocá-los do seu lado.

Apesar do clamor para que conselhos e CEOs expandam sua visão do desempenho corporativo, a concorrência entre as empresas para criar valor para seus acionistas continuará tendo um papel importantíssimo. Mas, à medida que as condições mudam, os conselhos devem redefinir a medida do valor para o acionista em colaboração com os acionistas permanentes e de longo prazo.

Com base nessa visão, o retorno total ao acionista passa a ser mais do que apenas o aumento do preço das ações e os dividendos pagos. Também inclui fatores que posicionam a empresa para o crescimento de longo prazo, como a qualidade da participação de mercado da empresa, a produtividade do capital e o valor da marca. São esses os fatores que decidirão o sucesso da empresa no futuro.

Além de adotar uma perspectiva de prazo mais longo, os conselhos devem adotar uma concepção mais ampla de responsabilidade corporativa que não se limite aos interesses financeiros imediatos dos acionistas. A Business Roundtable e outras vozes que representam a comunidade em geral estão exigindo que as corporações não se restrinjam à máxima de Milton Friedman de que "a única [...] responsabilidade social das empresas" é "usar seus recursos [...] para aumentar seus lucros". A ideia é que administrar empresas espetaculares requer que os conselhos e a administração se concentrem em outros stakeholders, o que levará a um maior retorno aos acionistas no longo prazo.

Para conduzir suas empresas em novas direções, os conselhos devem tirar o controle das mãos da administração. Os conselhos têm sido basicamente controlados pela equipe do CEO. Eles têm dependido quase totalmente das informações fornecidas pela administração. Como resultado, eles acabam se limitando a reagir a mudanças externas.

Os conselhos devem mudar sua forma de pensar e agir. Hoje em dia, os membros do conselho são mais eficazes quando podem se falar pelo Zoom a qualquer momento em vez de esperar a reunião trimestral. Mesmo cultivando uma relação de coleguismo com a administração, o conselho também deve ser independente dela. Mostraremos como gerar suas próprias fontes de informação para que o conselho possa garantir o equilíbrio certo entre as metas de longo e de curto prazo e os interesses de todos os stakeholders.

Talentos, estratégia, risco: o novo manual do conselho para gerenciar tendo em vista o longo prazo

Já faz anos que nós três estamos notando essas tendências se desenvolvendo nas salas dos conselhos de administração. Baseamos as recomendações deste livro em nossos muitos anos de experiência trabalhando nessas questões com conselhos, com a administração e com a comunidade de investimentos.

Para escrever este livro, conversamos com dezenas de líderes de empresas de capital aberto e fechado, empresas de investimento e investidores ativistas. Reunimos seus melhores insights e vamos deixá-los explicar as razões de seu sucesso e como chegaram a ele. Mary Barra, da GM, lhe ensinará como manter seu conselho engajado, Warren Buffett, da Berkshire Hathaway, explicará como fazer uma fusão, Michele Hooper, do Directors' Council, dará lições sobre a sucessão de CEOs, Rajiv Gupta, da Delphi Automotive, ensinará sobre aquisições, e muito mais. O ponto em comum é que todos querem escapar das armadilhas da visão de curto prazo e liderar para o longo prazo.

Os membros do conselho, líderes e investidores que entrevistamos para este livro estão revolucionando a antiga maneira de fazer negócios. As novas ferramentas que apresentamos aqui o ajudarão a fazer o mesmo.

Na Parte I, apresentamos o modelo do novo TSR. Começamos com os talentos, no Capítulo 1. De todos os inputs, os talentos são o mais importante. Os talentos impulsionam a estratégia e vislumbram novas direções, aproveitam novas oportunidades e tornam as corporações mais adaptáveis e ágeis. Os talentos gerenciam e mitigam o risco. Os talentos executam os planos. Os conselhos podem dar um apoio importantíssimo ao conhecer profundamente os talentos da empresa. Com isso, eles estarão em condições de fazer recomendações à administração sobre os líderes seniores e ajudá-los a encarar a realidade sobre a adequação da equipe às necessidades de curto e de longo prazo, com ênfase especial na gestão de longo prazo. Você saberá como o CEO da WSFS Financial preparou o terreno para sua sucessão passando três meses fora e deixando seu potencial herdeiro no comando.

O Capítulo 2 se concentra no novo papel do conselho para definir a estratégia. Neste mundo de rápidas mudanças, a definição da estratégia não pode mais se limitar a um encontro anual fora da empresa. Deve ser um processo contínuo, aproveitando cada reunião como uma oportunidade de contestar o modelo estratégico da empresa. Apresentamos um novo padrão, o modelo de geração de dinheiro (*money-making model*), e o vinculamos a metas de longo prazo. Você lerá sobre como a GM se beneficia da experiência dos membros do conselho para entrar em novas linhas de negócios. Você também verá como a Delphi Systems concentrou seu portfólio nos negócios mais importantes para o futuro da empresa, como Warren Buffett toma as decisões certas sobre possíveis fusões e como os conselhos podem ajudar a criar valor para o futuro cuidando dos interesses de todos os stakeholders.

No Capítulo 3, voltamos nossa atenção ao terceiro fator do novo TSR: o risco. Muitas empresas praticam a prevenção de riscos, não a gestão de riscos. Mostraremos como um novo foco na gestão de riscos redireciona o foco para os ganhos de longo prazo. Quando bem executada, a gestão de riscos trata a empresa como um único sistema em vez de uma combinação de partes distintas. Você verá como a abordagem da Tyco ao risco total da empresa a ajudou a sobreviver à fraude financeira de seu CEO e evitar a ameaça às suas operações globais imposta pela pandemia de gripe suína H1N1 em 2009. E lerá sobre como Warren Buffett supervisiona as auditorias de riscos na Berkshire Hathaway.

Na Parte II, voltamos nossa atenção ao manual do conselho, mostrando, uma a uma, as mudanças na governança que ocorrem quando um conselho transfere seu foco ao gerenciamento de talentos, estratégia e risco. (Veja a Figura I-2.)

O Capítulo 4 concentra-se nas novas competências do conselho necessárias para apoiar a criação de valor de longo prazo. Os talentos são cruciais não apenas na empresa, mas também na sala do conselho. A maioria dos membros do conselho tem experiência na seleção de talentos, bem como cicatrizes resultantes de tomar decisões erradas, e eles têm anos de conhecimento coletivo para beneficiar a empresa. A dificuldade está em aprender a se adaptar continuamente às mudanças, tendo a combinação certa de talentos e uma representação justa de gêneros, etnias e idades. Esse capítulo apresenta orientações para gerenciar essas mudanças. E você aprenderá como a GM, a Verizon e outras empresas administram a complicada situação de ter de substituir os membros do conselho que não estão entregando o desempenho esperado.

Figura I-2

O novo manual para a criação de valor

Redesenhar os comitês do conselho é crucial para gerenciar os talentos, a estratégia e o risco. No Capítulo 5, mostraremos como a divisão do trabalho é a única maneira de os membros do conselho usarem sua expertise e alcançarem a profundidade de conhecimento necessária para fazer seu trabalho. Por exemplo, os conselhos dizem que seu trabalho mais importante é selecionar o CEO. Mas, se quiserem ter um sucessor pronto para quando precisarem, os conselhos devem saber como atrair talentos. Neste livro você verá por que o comitê de remuneração — que redefinimos como o "comitê de talentos, remuneração e execução" — está mais bem posicionado para assumir essa responsabilidade. Você aprenderá como a Providence Health incluiu um disruptor do mundo da tecnologia em seu comitê de estratégia, o que ajudou a transformar a empresa em uma potência de banco de dados de saúde. E você verá como o comitê de tecnologia da Wendy's ajudou a transformar uma lanchonete em um player digital, posicionando a rede para o crescimento de longo prazo com base em uma nova plataforma de pedidos on-line.

No Capítulo 6, veremos como os conselhos podem diversificar as informações que possuem. Reduzir a assimetria das informações entre o conselho e a administração é indispensável para a missão do conselho de supervisionar talentos, estratégia e risco. Você verá como uma CEO escrupulosa como Mary Barra, da GM, pode ajudar a manter seu conselho totalmente informado sobre o mercado competitivo sem puxar a sardinha para si. Você aprenderá como o conselho da GE deixou de investigar informações que poderiam ter revelado a verdadeira situação precária do balanço patrimonial da empresa. E verá como uma membra do conselho, Michele Hooper, do Directors' Council, desenvolve suas próprias fontes de informação fazendo visitas sozinha, sem a presença da administração.

Por fim, para estender as ideias do prólogo de Bill, no Capítulo 7 nos concentramos em como os conselhos podem se engajar com os investidores, os stakeholders mais poderosos de uma empresa. No Capítulo 7 amarramos os temas deste livro mostrando como os investidores estão promovendo medidas para criar valor de longo prazo, com importantes implicações para o gerenciamento de talentos, estratégia e risco por parte do conselho. Você verá como um investidor ativista ajudou a DuPont a reformular sua base de custos, estrutura de capital e portfólio, tudo para reforçar o valor de longo prazo para o acionista. E você lerá a fantástica história do encontro da Motorola com o mais famoso ativista alfa de todos.

Vimos como as empresas que reinventaram seus manuais com base nessas ideias estão mais preparadas para se adaptar às mudanças na participação acionária da empresa e nas expectativas dos acionistas. Esperamos que este livro ajude a formar as bases para uma revolução no conceito do TSR. Adotar as práticas do novo TSR pode ajudá-lo a resistir às pressões de curto prazo e se concentrar nos problemas que permitirão que sua empresa prospere, agora e no futuro.

PARTE I
O novo TSR
Um modelo de gerenciamento para o longo prazo

Talentos, estratégia e risco englobam todo o trabalho de uma empresa, dividido em seus elementos funcionais distintos — em outras palavras, as funções que o CEO deve gerenciar e que o conselho deve supervisionar para aumentar o retorno aos acionistas no longo prazo. O novo TSR é uma ferramenta que os conselhos podem usar para fugir da visão míope do curto prazo e se reorientar para o longo prazo. Se o conselho conseguir acertar o novo TSR, o antigo TSR será uma consequência natural.

Esses três fatores são intimamente relacionados. O conselho deve cultivar uma equipe de liderança adequada para formular e executar a estratégia da qual a empresa precisará para prosperar no mercado do futuro. E os membros do conselho devem certificar-se de que a estratégia da empresa ao mesmo tempo mitigue os riscos que podem ameaçar a empresa e se beneficie dos riscos que apresentam uma oportunidade para criar valor de longo prazo.

O novo TSR

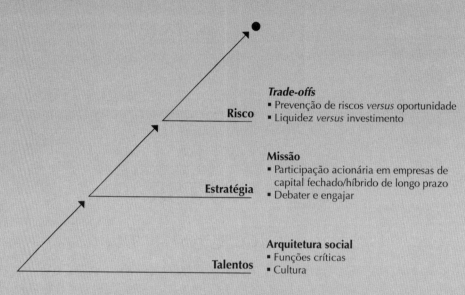

Domine esses três fatores — como a primeira parte deste livro mostrará — e o conselho será capaz de responder à pergunta crucial: como a empresa cresce?

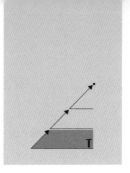

Capítulo 1

A IMPORTÂNCIA DOS TALENTOS

De todos os fatores que contribuem para a criação de valor de longo prazo, os talentos são o mais importante para os conselhos de administração discutirem. Mais do que qualquer plano ou meta financeira, os talentos — ou seja, as pessoas — têm o poder de determinar o sucesso ou o fracasso de uma empresa. São as pessoas que elaboram e executam a estratégia e gerenciam o risco associado. Geram novas oportunidades de negócios. Alocam recursos. Responsabilizam-se por manter a vantagem competitiva. Na verdade, não são as empresas que competem. São os talentos.

No que tange aos talentos, a lista de prioridades começa com o CEO, a pessoa que se responsabiliza por tudo. Desse modo, nomear o CEO e supervisionar o mandato do CEO são as tarefas mais importantes do conselho. Essa responsabilidade também inclui a equipe principal do CEO — as pessoas cujas opiniões o CEO mais respeita. Esse grupo costuma ser composto de 25 pessoas ou menos, mas sua forma de pensar e suas competências, bem como seu empenho no trabalho e sua capacidade de se manter informados, são cruciais para o desempenho do CEO. O conselho também deve prestar atenção a essas pessoas.

As melhores empresas procuram talentos em todos os lugares. Elas competem por talentos não apenas com empresas de seu próprio setor, mas com empresas de outros setores também. As empresas consolidadas também competem com startups. Mais ou menos vinte anos atrás, o CEO da Amazon, Jeff Bezos, recrutou o diretor de tecnologia do Walmart. Essa contratação anômala deveria ter servido como um alerta para o Walmart e outros grandes concorrentes do setor, como o Kmart. Em 2019, o Walmart retribuiu o favor e recrutou um funcionário da Amazon para ser seu diretor técnico. Concorrentes como a Target e a Home Depot precisam se adiantar a esse tipo de manobra.

Para isso, as empresas precisam construir um fluxo de informações sobre os talentos. Elas devem acompanhar as novas tendências em relação a talentos de nível médio e superior, gerenciamento de tecnologia, riscos e funções regulatórias. Quais tendências são novas e quais tendências estão por vir? Quem está pensando em novas ideias? Esse tipo de fluxo de informações é rotineiro na indústria da moda. Por exemplo, quando um designer muda de emprego, a notícia se espalha instantaneamente pelo setor inteiro. Todo o mundo corporativo deveria fazer o mesmo.

Mas poucos conselhos de administração têm esse foco externo. Empresas excepcionais como a Microsoft recrutam especialistas em direito regulatório com antecedência e os deixam de prontidão para lidar com a próxima onda de regulamentações. Por outro lado, o processo de desenvolvimento de talentos em empresas tradicionais como a GE, IBM, Ford e outras empresas da *Fortune 500* foi um fracasso. Essas empresas foram incapazes de produzir seus próprios candidatos internos, apesar de bilhões de dólares investidos em desenvolvimento de pessoal. O que deu errado?

Se os talentos devem ser o foco principal do conselho, os conselhos precisam de uma nova abordagem para o gerenciamento e a supervisão de pessoas. Até pouco tempo atrás, a maioria das empresas tinha um comitê de remuneração que fazia uma reunião anual de umas quatro horas para analisar candidatos a cargos de alto escalão... e a coisa terminava por aí.

Já passou da hora de fazer mudanças radicais. Os conselhos das melhores empresas analisam os talentos sempre que se reúnem. Na General Motors, a CEO Mary Barra abre todas as reuniões do conselho com uma sessão executiva cuja pauta sempre inclui a gestão de

Figura 1-1

O novo TSR: talentos

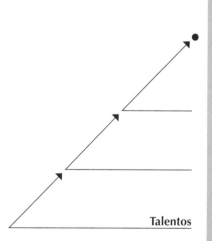

Talentos

Melhorar a composição do conselho
Garantir que pelo menos dois ou três membros do conselho sejam "estrategicamente corretos".

Reforçar o processo de avaliação do conselho
Identificar anualmente cinco a sete membros que o conselho não pode deixar de ter.

Enfrentar o desafio do conselho
Conhecer os 2% dos executivos cruciais que geram a maior parte do valor.

Acolher a diversidade e a inclusão
Tratar a diversidade como uma vantagem competitiva.

Aprofundar-se no processo de sucessão do CEO
Examinar candidatos internos e mapear talentos externos.

Considerar um período sabático para o CEO
Informar-se sobre disruptores e conversar com eles durante a avaliação do sucessor.

Realizar auditorias de capital humano
Saber quem a empresa está comprando em fusões e aquisições.

Realizar uma auditoria de cultura
Garantir que todos os funcionários da empresa assinem um código de conduta.

recursos humanos. Ela diz: "Sempre tem alguma coisa acontecendo com a movimentação ou o desenvolvimento de talentos e pessoas. Acho muito importante manter o conselho informado dessas coisas". Ela dedica uma reunião do conselho por ano ao talentos, concentrando-se na sucessão e no desenvolvimento de CEOs e para discutir em detalhes o desempenho de cada executivo sênior da empresa.

Outros CEOs devem seguir esse exemplo. As empresas devem elevar a supervisão da gestão de talentos ao nível do conselho, assim como fizeram com a gestão de auditorias. Elas podem começar incluindo o desenvolvimento de talentos no âmbito do comitê de remuneração, que rebatizamos de "comitê de talentos, remuneração e execução" (veja o Capítulo 5). E o conselho pode insistir em uma participação mais ativa do RH nas reuniões do conselho, com atualizações frequentes da administração e tempo para fazer suas próprias observações.

Neste capítulo, apresentaremos lições de líderes que priorizaram a gestão de talentos. (Veja a Figura 1-1.)

Um CEO para o longo prazo

Nenhuma responsabilidade do conselho é mais importante para a criação de valor de longo prazo do que selecionar o CEO e a equipe de liderança certos. As competências dessas pessoas devem estar alinhadas com a situação da empresa tanto hoje como no futuro. O CEO faz mais do que administrar o negócio. O CEO deve ser um visionário com vistas ao longo prazo. Como diz Mark Turner, ex-presidente do conselho e CEO da WSFS Financial: "Mais do que um líder da organização, o CEO está se tornando um líder de líderes — um defensor e um explorador externo para a organização e um disruptor em série".

Mas primeiro os conselhos devem se livrar da velha maneira de escolher o CEO. Já se foi a época em que o conselho podia simplesmente concordar com a escolha do CEO para seu sucessor, perpetuando as regras do passado. Ao escolher o novo CEO, seja interno ou externo, o conselho deve manter um foco implacável nas necessidades de longo prazo da empresa.

Para atender a essas necessidades, o conselho pode começar aprofundando seu conhecimento sobre o pool de talentos da empresa. O conselho também deve determinar as qualidades que o CEO precisará ter nos próximos anos com base nas tendências do mercado. E deve levar em conta fatores inesperados envolvidos na sucessão, desde uma aposentadoria planejada até uma saída repentina. As perguntas que o conselho deve fazer incluem: qual é o pool de segunda geração? Qual é a geração abaixo desse grupo? A empresa terá três ou quatro candidatos prontos em cinco ou dez anos?

O conselho deve conhecer esses candidatos e acompanhar seu desenvolvimento. Se a cada ano que passa o CEO diz que pretende ficar mais cinco anos no cargo, o conselho deve procurar candidatos mais abaixo na hierarquia do que o braço direito do CEO, porque o CEO pode ficar mais tempo na empresa do que essa pessoa. É por isso que as melhores empresas fazem questão de incluir o desenvolvimento de talentos na pauta. Por exemplo, a J.P. Morgan Asset & Wealth Management tira a alta administração da empresa por uma semana todos os anos e dedica um dia inteiro aos talentos. Todos os conselhos devem considerar pedir a seu CEO que faça o mesmo.

Esse tipo de pensamento estratégico é crucial para gerenciar tendo em vista o longo prazo. Durante todo o processo de avaliação, os conselhos devem olhar para a frente, não para trás, o que implica abandonar seus pressupostos sobre os candidatos que estão tentando avaliar. Muitos conselhos caem na armadilha de achar que, só porque já trabalharam com o candidato, ele é o melhor para a empresa. É irônico que, em um momento de tantas transformações nos negócios, os conselhos não se proponham a procurar candidatos a CEO transformacionais em todos os setores possíveis. Elena Botelho, partner sênior da empresa de consultoria em liderança ghSMART, diz: "Quando um conselho toma a decisão errada, geralmente é porque eles acham que estão tomando a 'decisão segura'".

Conhecer o candidato não quer dizer nada. Para conduzir a empresa na direção certa, comece abandonando o antigo sistema de avaliações internas. Pelo que temos visto, acontece muito de os conselhos simplesmente aceitarem a recomendação do CEO que está deixando o cargo sem se informar sobre os possíveis candidatos. Recorrer à ajuda de um consultor externo pode dar uma perspectiva melhor sobre as necessidades futuras.

Os conselhos que têm sucesso na escolha de um bom sucessor ao CEO atrelam seus requisitos às estratégias. Eles se distanciam e adotam uma visão analítica e baseada em fatos para avaliar uma ampla gama de candidatos. Acontece muito de o melhor candidato para a sucessão acabar não sendo a escolha óbvia. Uma análise orientada por dados das necessidades da empresa incentivará uma maior objetividade e permitirá que os conselhos encarem suas suposições tácitas antes que alguém de fora force a questão.

Algumas empresas estão usando simulações para testar como um candidato agiria diante de cenários que um CEO pode enfrentar no trabalho. As simulações também permitem que as empresas comparem os candidatos. A Humana, por exemplo, usou simulações antes de nomear Bruce Broussard para CEO em 2013. Essa técnica deu ao CEO que estava saindo e ao conselho uma boa ideia de como os vários candidatos reagiriam diante de diferentes desafios com base em dados concretos além de apenas as entrevistas.

Para fazer uma escolha tendo em vista o longo prazo, pode ser interessante consultar a equipe abaixo do CEO, que costuma saber muito mais sobre o pool de candidatos do que o próprio CEO. É inevitável que o CEO queira nomear seu braço direito como o sucessor. Mas é responsabilidade do conselho saber quem poderia ser uma escolha melhor.

Na GSK, quando Jean-Pierre Garnier se aposentaria como CEO em 2008, três candidatos internos concorriam ao cargo e o conselho mostrou-se claramente propenso a nomear o braço direito de Garnier. Em vista disso, um de nós (Carey) identificou quatorze executivos da empresa que já tinham trabalhado com os três candidatos, viajou pelo mundo para entrevistar esses executivos e perguntou qual dos três candidatos eles achavam que seria a melhor escolha para o futuro. Quase todos eles recomendaram a mesma pessoa: Andrew Witty, um dos outros dois candidatos internos. Witty conseguiu o cargo.

Todas as empresas poderiam adotar esse modelo para avaliar um candidato interno a CEO. Na GSK, os dados resultantes das avaliações mudaram a decisão do conselho, que já havia decidido aceitar a recomendação do CEO. Converse com pessoas que trabalharam com seus candidatos internos. Conduza um exame sistemático e completo de colegas e clientes que trabalharam em proximidade com eles. Com isso, você transformará uma nomeação irrefletida, baseada apenas em indicações, em um rigoroso processo de seleção.

Se você estiver se aproximando de uma decisão sobre um sucessor interno, dê aos candidatos a chance de mostrar como eles podem conduzir a empresa com vistas para o futuro. Feito isso, você pode basear sua decisão em informações do mundo real, como a qualidade da tomada de decisões diante de cenários em rápida mudança. Uma possível abordagem é colocar seus candidatos à prova em diferentes partes da empresa. Com isso, você pode ver como eles reagem em circunstâncias difíceis e como lidam com questões competitivas. E o conselho pode ficar tranquilo sabendo que o próximo CEO será capaz de criar e desenvolver uma equipe eficaz, tomar decisões boas e oportunas e conduzir a empresa na direção certa.

Pouco antes de Mark Turner, da WSFS, deixar o cargo de CEO, ele passou três meses viajando em busca de oportunidades de firmar alianças com empresas inovadoras. Ele aproveitou esse tempo fora da empresa para testar seu possível herdeiro. (Falaremos mais sobre essa experiência no Capítulo 2.) Nos três anos anteriores, ele transferiu seu braço direito, Rodger Levenson, para vários cargos, incluindo diretor de empréstimos comerciais, diretor financeiro e diretor de desenvolvimento corporativo trabalhando com fusões e aquisições. O próximo passo seria Levenson ser nomeado a diretor de operações, responsável pelos subordinados diretos de Turner. Foi o que Turner fez pouco antes de sair em sua viagem de três meses.

Turner conta: "Enquanto eu estive fora, deixei a organização nas mãos dele. Ele fez tudo no meu lugar. Ele se encarregou das teleconferências com os investidores, conduziu as reuniões semanais da equipe, presidiu as reuniões mensais de estratégia, fez duas reuniões do conselho no papel de CEO em exercício e fez todo o necessário para manter a organização avançando". Foi um período bastante ativo para a empresa, envolvendo a negociação e o fechamento de três pequenas aquisições. Desse modo, o papel de Rodger envolveu muito mais do que meramente supervisionar o trabalho dos outros. Turner diz: "Acabou sendo um jeito para mim, para o conselho e para ele decidir se é algo que ele poderia e queria fazer".

O período de teste também demonstrou a força e a coesão da equipe da WSFS. Turner diz: "Foi um teste de liderança controlado e também foi um teste para o modelo que a gente tinha passado algum tempo usando, que é a liderança dispersa. O Rodger e a equipe dele foram muito bem porque já estavam acostumados a atuar na liderança. Não foi uma mudança abrupta em termos de autoridade ou responsabilidades para eles".

Além disso, a ausência de Turner também ajudou outros líderes a se desenvolver. Ele diz: "Algumas pessoas tinham acabado de entrar na equipe, incluindo um diretor financeiro bem jovem, e ele se destacou muito durante esse período porque acabou fazendo mais do que faria de outra forma. Se eu estivesse lá, ele estaria a dois passos do topo. Com a minha ausência, ele ficou a apenas um passo de distância e foi solicitado a fazer muito, muito mais".

Os testes práticos para candidatos a CEO tornaram-se uma marca registrada do planejamento de longo prazo. Qualquer empreitada que permita que o conselho veja os candidatos atuando em condições reais tem um enorme valor. Como os líderes potenciais lidam com o estresse? Como eles se comportam com todo o peso da responsabilidade em seus ombros? É só assim que você poderá ver se eles são capazes de agir com tranquilidade e ponderação quando o mundo estiver caindo na cabeça deles.

A sucessão do CEO deve ser uma decisão muito bem ponderada

Para ver a destruição que pode resultar quando o conselho erra na sucessão, basta dar uma olhada no desempenho da Ford nos últimos vinte anos. Depois de um período de bons retornos e boa participação de mercado, em 2001 o conselho pediu a renúncia do CEO Jacques Nasser, depois que ele entrou em conflito com o presidente do conselho William Ford sobre questões envolvendo a estratégia e os valores corporativos da empresa. Ford, um bisneto do fundador, havia se tornado presidente do conselho dois anos antes e, com a família detendo 40% dos votos, poderia ocupar a vaga de CEO se quisesse. E foi o que ele fez.

O que se seguiu foi um período no qual a passividade do conselho em relação à sucessão do CEO resultou em uma sequência de fracassos. Ford, que não tinha talento para ser um CEO, dependia muito de seus diretores operacionais. Ele e o conselho tiveram três diretores operacionais em cinco anos, uma taxa de rotatividade estratosférica para um cargo tão alto. Juntos, eles acumularam US$ 22 bilhões em dívidas. Ford finalmente disse ao conselho para contratar um novo CEO.

Ele delegou a tarefa a dois membros do conselho com um bom histórico de seleção de CEOs — Irv Hockaday, CEO da Hallmark Cards, e John Thornton, copresidente do conselho da Goldman Sachs. Em 2006, eles recrutaram Alan Mulally, da Boeing, onde ele havia supervisionado a criação do 777, um sucesso de vendas da empresa, e demonstrou sua capacidade de executar estratégias e liderar grandes equipes. Um de nós (Carey) conduziu a avaliação de Mulally.

Mulally não mexeu na equipe da Ford. Seu sucesso foi resultado de sua liderança espetacular. Em seu primeiro dia, em uma reunião com cerca de 25 executivos, lhe perguntaram por que ele deveria ser o CEO da Ford. Ele disse: "Vocês são uma equipe excelente e levaram esta empresa ao desastre. Vou trabalhar com vocês para levar esta empresa a novas alturas". Em seu mandato de oito anos, ele pagou a maior parte da dívida da Ford; estreitou o foco da empresa livrando-se da Jaguar, Volvo e Land Rover; aumentou a participação de mercado; e restaurou o preço das ações. Ele deixou o cargo em 2014.

Nos anos seguintes, contudo, o conselho repetiu os erros que tinham levado a empresa ao fundo do poço. Hockaday e Thornton já não estavam mais no conselho quando Mulally deixou o cargo. O conselho nomeou sua escolha para o sucessor: Mark Fields, o diretor operacional. Ele era um executivo capaz e os lucros da Ford foram bons sob sua supervisão, mas as vendas acabaram caindo 25%, uma queda mais acentuada do que a média do setor, e o preço das ações caiu 35%. O conselho pediu que ele deixasse o cargo depois de apenas três anos.

O próximo foi Jim Hackett, ex-CEO da Steelcase, uma fabricante de móveis. Você pode achar estranho ele ter sido escolhido para liderar uma montadora de automóveis, dada a sua experiência. O presidente do conselho da Ford — ainda William Ford, o bisneto do fundador — achou normal e deu o emprego a Hackett sem consultar muita gente nem fazer uma busca sistemática. Três anos depois, depois de bilhões de dólares em perdas e uma queda de 40% no preço das ações, Hackett foi demitido.

O conselho da Ford escolheu um novo CEO no fim de 2020, o terceiro em seis anos, e ainda não tem uma estratégia definida. O conselho e seu presidente fracassaram em seu trabalho mais importante: selecionar, desenvolver e reter um CEO. O conselho destruiu o valor para o acionista e, por meio do fechamento de fábricas, a vida de funcionários, fornecedores e comunidades inteiras.

Essa é a diferença que o conselho pode fazer quando toma as decisões certas. Um excelente exemplo de um plano de sucessão muito bem concebido e executado culminou na nomeação de James Quincey pela Coca-Cola em 2016. A escolha desse veterano de alto desempenho nas empresas não surpreendeu ninguém. Mas o que as pessoas de fora não sabiam era a profundidade do envolvimento do conselho no desenvolvimento dele e da próxima geração de líderes.

Duas décadas antes, a Coca-Cola foi pega de surpresa quando o CEO de longa data, Roberto Goizueta, faleceu de repente. Os que vieram depois dele não tiveram muito sucesso, expondo lacunas em uma equipe de liderança que o conselho presumia ser forte. Pior ainda, o conselho não se engajou no processo sucessório, dando o cargo ao próximo da fila. Como disse Sam Nunn, ex-senador e membro do conselho de longa data da Coca-Cola: "Quando as coisas vão bem, é fácil ficar um pouco complacente. Você acha que vai continuar tendo uma liderança forte, até descobrir que existem lacunas. Mas aí já é tarde demais".

Para ajudar a garantir que os líderes potenciais tivessem as oportunidades das quais precisavam para crescer, no início dos anos 2000 o conselho criou um comitê de desenvolvimento gerencial, presidido pelo investidor Herb Allen, para supervisionar talentos para cargos seniores e sucessão de CEO. O principal foco do comitê estava nas vinte posições mais altas, mas eles também ficavam de olho em vários níveis abaixo.

Os membros do comitê disseram ao CEO, Muhtar Kent, que queriam conhecer pessoas-chave ao redor do mundo. Kent providenciou para que um líder participasse de cada reunião do comitê. Os líderes visitantes falavam sobre o negócio e respondiam a perguntas sobre sua região do mundo. Nunn diz: "Eu sempre perguntava o que a pessoa achava das mudanças políticas em sua região e as chances de conflito. A ideia era avaliar a visão da pessoa além de quantas garrafas de Coca-Cola foram vendidas".

O comitê também foi a campo para ver os líderes — e potenciais candidatos a CEO — em ação, chegando a passar um dia inteiro nessas visitas. Enquanto as visitas à sede revelavam como os líderes se relacionavam com os superiores, as visitas locais mostravam como eles se relacionavam com sua equipe. Nunn diz: "Quando um líder que interrompe ou edita tudo significa que ou ele não confia em seu pessoal ou seu ego é grande demais para a posição".

Ao longo desse processo, o conselho conseguiu ver de perto um punhado de sucessores potenciais anos antes da aposentadoria programada de Kent. Também importantíssima foi a interação entre o comitê de desenvolvimento, todos os membros do conselho e o CEO. Nenhum grupo tentou forçar um favorito aos outros. Allen diz: "Enquanto a gente falava com os candidatos, Muhtar nunca disse nem insinuou: 'Essa é a pessoa que eu quero que seja meu sucessor'". Pelo contrário, os três grupos reuniram sua experiência e as informações coletadas para identificar líderes e avaliar seu potencial.

Quando o conselho gostava dos candidatos, Kent se tornava um grande defensor deles. Kent via a empresa como um organismo vivo, o que significa que o líder deve ser capaz de mudá-la. "Quisemos testar os líderes em novas funções para ver como eles se adaptam", ele diz. "Então criamos atribuições e fazíamos uma mudança rapidamente se não desse certo." Por exemplo, Kent promoveu duas pessoas a novas funções com um grau de complexidade muito maior. Em dois anos, ele concluiu que nenhuma delas seria adequada para o cargo de CEO.

A essa altura, faltavam dois anos para a aposentadoria de Kent e a lista de sucessores potenciais já estava mais curta, de modo que o conselho se concentrou nos critérios cruciais para o cargo. Uma das características mais importantes na indústria de bebidas é a centralidade dos envasadores, sendo que cada um deles é uma empresa multibilionária por si só. Portanto, um requisito fundamental do CEO — e uma das razões pelas quais o conselho preferiu candidatos internos — é ter a formação, a credibilidade e a autoridade intelectual certas para influenciar os envasadores porque, se eles não investirem, os negócios da Coca-Cola não têm como crescer.

Esse critério foi crucial para a ascensão de Quincey. Kent conheceu seu eventual sucessor em 2005, quando Quincey estava na Argentina presidindo a divisão sul-americana da Coca-Cola. Com a aprovação do comitê de desenvolvimento, Kent o transferiu para o México. "Foi quando eu realmente comecei a notar", diz Kent. "Sempre que eu ia ao México, via que os envasadores estavam satisfeitos, os clientes estavam satisfeitos e os resultados eram bons." Em 2013, Quincey já administrava as operações europeias da empresa.

A Coca-Cola também precisava de alguém capaz de reagir rapidamente a mudanças nas circunstâncias, como mudanças de opinião sobre dieta e saúde. Para avaliar esse critério, foi importantíssimo para Nunn ter tido a chance de ver Quincey em ação. Ele conta: "Quando James fez uma visita comigo em uma das fábricas de engarrafamento e estávamos conversando com as pessoas, vi que ele tinha uma grande disposição de encarar a realidade". Especialmente no caso de uma marca como a Coca-Cola, que faz tanto sucesso há tanto tempo, a capacidade de admitir que a empresa precisa de novos produtos para manter o sucesso seria vital para o futuro.

Com a aprovação do comitê de desenvolvimento e do conselho, Kent nomeou Quincey presidente do conselho e diretor de operações — seu teste final. Nesses cargos, ele provou sua capacidade de tomar boas decisões sobre novos produtos, pensar estrategicamente, identificar talentos e agir como um líder. Em dezembro de 2016, o conselho anunciou que ele seria o próximo CEO.

Allen observa: "Já participei de cinco processos de sucessão de CEO e esse foi o melhor processo de seleção que já vi. Todos nós tivemos acesso a todas as informações das quais precisávamos e fomos capazes de tomar a melhor decisão". O processo foi natural e rigoroso e, acima de tudo, paciente e ponderado. O plano deu certo porque o conselho dedicou anos para acertar.

Mantendo o CEO no caminho certo

Em seu papel de supervisionar o desempenho do CEO, o conselho deve se adiantar, observando os sinais de vacilo na liderança, especialmente a tendência a uma visão de curto prazo. Os CEOs são bons em olhar seis meses para a frente e para trás. Isso não é pensar em longo prazo. Como o conselho pode verificar isso? Procure anomalias nos relatórios operacionais. A administração transferiu as despesas de marketing de um trimestre ao outro para ajudar a atingir as metas para os analistas financeiros? Ou as vendas do próximo trimestre para este? Ou deixou de fazer o investimento necessário para o futuro? Ou não admitiu a necessidade de afastar uma pessoa da alta administração ou ponderar uma aquisição questionável? Todos esses exemplos são sinais de alerta.

São momentos nos quais o conselho precisa perceber o que está acontecendo, intervir e orientar — por exemplo, encorajando o CEO a dizer a verdade caso houve algum problema na execução ou se a empresa tomou emprestado do próximo ano. Roger Ferguson, CEO da seguradora TIAA, diz: "O conselho está repensando sua função e passando a atuar mais como um orientador, se envolvendo mais com líderes abaixo do CEO, com mais comunicações informais entre as reuniões e mais dados".

Os melhores conselhos estão repensando a maneira como fazem avaliações de desempenho. No passado, uma prática comum era avaliar o CEO usando um questionário composto de umas vinte perguntas nas quais os membros do conselho avaliavam o CEO em uma escala de um a cinco. O presidente do comitê de governança se reunia com o CEO para apresentar os resultados compilados juntamente com observações por escrito. Acontece muito de esse processo ser ofensivo para o CEO, além de ser bastante ineficaz.

Uma abordagem melhor é cada membro do conselho fazer a própria lista de sugestões sobre como o CEO pode melhorar o desempenho. O presidente do conselho e o presidente do comitê de remuneração discutem essas ideias com o CEO. As sugestões devem ser embasadas e construtivas. Por exemplo, "Seu diretor financeiro é uma boa pessoa, mas pode não ser a pessoa mais adequada para o cargo". A mensagem não é que o CEO deve demitir o diretor financeiro, mas que o diretor financeiro não está tendo um bom desempenho e que o CEO pode ter um ponto cego. Nesse caso, o CEO é orientado a ter uma conversa com o diretor financeiro.

Outras observações dos membros do conselho podem incluir opiniões sobre um projeto, tendências de mercado ou relacionamentos externos, investimento insuficiente, questões relativas aos recursos humanos, problemas com os clientes ou desatenção a um novo regulamento. Esse tipo de feedback pode ser de enorme valor para o CEO. É o tipo de conselho que um CEO quer — amigável e amistoso, independente, mas que indica uma parceria.

Não baseie decisões sobre o futuro do CEO em fatores não relacionados ao desempenho. Por exemplo, os conselhos também são organizações sociais, o que pode complicar as tentativas de substituir o CEO. O que acaba acontecendo é que um CEO querido, porém medíocre, muitas vezes consegue permanecer no cargo. Se o CEO e os membros do conselho forem amigos e o CEO tratar bem os membros do conselho, uma mudança será muito difícil para o conselho e exigirá muita coragem.

Mas, apesar das dificuldades, se o CEO estiver vacilando, a melhor coisa a fazer é abrir o jogo com ele. Não diga que você tem total confiança no CEO só para demiti-lo três meses depois. O seu conselho e a sua empresa perderão credibilidade. Foi o que aconteceu com a fabricante de aeronaves Boeing quando o presidente do conselho David Calhoun assumiu o cargo de CEO poucas semanas depois de expressar seu apoio ao então CEO Dennis Muilenberg.

O conselho não deve se esquivar de decidir nem de fazer uma nova nomeação motivado pelo medo. Michele Hooper, CEO da Directors' Council e membra do conselho da PPG e do UnitedHealth Group, diz: "Sempre é um salto de fé quando você escolhe alguém para assumir a posição de CEO. Mas, se você fez sua lição de casa, é só torcer para que, com o tempo, sua decisão se prove correta".

Criando a equipe de liderança

O desenvolvimento de talentos por toda a organização constitui uma parcela muito maior da responsabilidade do CEO do que vinte ou trinta anos atrás. O conselho pode ajudar nessa tarefa garantindo que a empresa esteja organizada para apoiar o CEO nessa tarefa. Se o diretor de capital humano não for um subordinado direto do CEO e uma das duas ou três pessoas mais bem pagas da empresa, você provavelmente não está dando ênfase suficiente ao desenvolvimento de talentos.

Os melhores CEOs veem os integrantes de sua equipe sênior como parceiros. Um de nós (McNabb) costumava receber os novos membros da equipe de liderança dizendo: "Parabéns! Agora o seu trabalho principal é trabalhar em parceria comigo para administrar a Vanguard. Seu outro trabalho é liderar o RH", ou qualquer unidade que a pessoa tinha sido contratada para gerenciar.

Por essa razão, é importante que o conselho também se atente aos talentos em níveis abaixo da diretoria. Como descrevemos em nosso livro *Talent Wins* (de Ram Charan, Dennis Carey e Dominic Barton), a tarefa mais importante é identificar e cultivar os 2% mais importantes — ou os duzentos mais importantes, nas grandes corporações —, aqueles líderes cruciais responsáveis por gerenciar a maior parte das atividades de criação de valor de uma empresa. O trabalho e a visão dessas pessoas determinarão sua estratégia, direção e sucesso. As melhores organizações prosperam com base nesses talentos.

Assim como fazem com o CEO, os conselhos devem avaliar talentos por toda a empresa pensando no futuro. Ed Garden, sócio fundador da empresa de investimentos Trian Partners, ressalta que o comitê de remuneração lida principalmente com os vinte principais executivos da corporação, mas as empresas nas quais a Trian investe podem ter 50 mil, 100 mil ou 300 mil funcionários. Ele pergunta: "Como garantir que a organização como um todo está atraindo as melhores pessoas, identificando os verdadeiros talentos, promovendo-os e dando-lhes muito espaço para crescer? E quem desenvolve esses talentos? E como fazer isso no nível do conselho? Qual competência deixou de ser essencial? Que nova competência passou a ser essencial? Como é feita a transição?"

Um defeito comum de muitos programas de desenvolvimento é que eles são projetados para ensinar e celebrar os sucessos do passado e do presente em vez de preparar os executivos para enfrentar novos desafios competitivos. A administração e o conselho acabam avaliando os talentos dos quais precisam com base em onde a empresa está agora e não onde precisa estar no futuro. Se os requisitos da corporação estiverem mudando, o conselho deve identificar as habilidades e experiências que serão necessárias amanhã. E terá de perguntar se os líderes atuais são capazes de fazer a transição para uma nova maneira de pensar e operar.

As melhores empresas estão empregando novas técnicas para fazer exatamente esse tipo de avaliação. Algumas startups usam simulações breves e interativas para avaliar o desempenho e o comportamento dos candidatos. As empresas que contratam talentos técnicos estão usando cada vez mais concursos abertos ao público para identificar os profissionais de alto desempenho que os métodos tradicionais de recrutamento deixariam passar — por exemplo, pessoas que moram em outro país. E players maiores, incluindo o Google, a McKinsey e a Korn Ferry, estão investindo em análise de dados de desempenho para desenvolver algoritmos preditivos de talentos como os que os times esportivos usam com grande sucesso para identificar jogadores que têm mais chances de apresentar um desempenho acima da média jogando em uma determinada posição.

Outras empresas estão abandonando os antigos métodos de avaliação de desempenho. Por exemplo, o popular sistema de avaliações 360 graus

— que envolve a coleta de feedback de subordinados, colegas e supervisores, além de uma autoavaliação — é focado internamente e não é muito bom em prever o desempenho de um executivo na próxima função. Recomendamos uma avaliação 450 graus, com os outros 90 graus conduzidos por um player neutro encarregado de coletar dados de maneira confidencial sobre os executivos para prever como eles provavelmente atuariam para executar a estratégia da empresa nos próximos anos, para enfrentar os principais desafios e atingir as metas da empresa.

Dada a natureza de rápidas mudanças do mundo dos negócios em tempos de emergência, o desenvolvimento de habilidades tende a consumir grande parte do orçamento de RH. As empresas se beneficiariam de realizar algumas iniciativas de treinamento para o momento atual e outras para o futuro. Cada uma delas deve receber uma parcela distinta do orçamento. O diretor financeiro e o diretor de RH devem decidir juntos o valor apropriado a ser alocado.

Se necessário, o conselho deve contestar o orçamento de desenvolvimento de talentos. A GE não forneceu um caminho de desenvolvimento para seus líderes, sacrificando oportunidades de crescimento de longo prazo. Exija um plano de treinamento e desenvolvimento — não apenas o valor do orçamento, mas como o orçamento será gasto e qual é o retorno projetado.

Assim como a estratégia, os atributos da liderança podem variar de uma empresa a outra. Turner, da WSFS, diz: "Algumas qualidades de um líder são necessárias em todas as organizações. Mas tudo depende da cultura e do estilo da organização. Por exemplo, um bom líder na WSFS pode ser totalmente diferente de um bom líder no Citibank". Pensando assim, a WSFS desenvolveu um programa para ensinar como ser um líder de sucesso na empresa. Os líderes aprendem não apenas habilidades gerais de liderança, mas também como a empresa difere das concorrentes.

Para se preparar para o amanhã, os melhores conselhos mantêm-se atualizados sobre as tendências do setor no que diz respeito aos talentos. Por exemplo, a indústria automobilística está mudando suas prioridades — de talentos em engenharia mecânica para talentos em software e engenharia elétrica. Diante desse novo cenário, o conselho da GM passou uma sessão inteira com o diretor de desenvolvimento de produtos orientando-o a contratar talentos adequados às mudanças no negócio. É importante fazer essas sessões na forma de conversas, não de apresentações. A CEO Mary Barra prepara o conselho com antecedência, enviando informações sobre as tendências do setor. E faz questão de que as pessoas da alta liderança da organização tenham a chance de interagir com o conselho.

A "troca da guarda" na base de funcionários também está afetando a proposição de talentos. Os membros do conselho devem considerar não apenas a disrupção estratégica decorrente da tecnologia, mas também a turbulência demográfica, com as empresas tendo de lidar com uma base de funcionários multigeracional. À medida que os baby boomers começam a se aposentar, as empresas precisam trazer novos talentos com diferentes habilidades e mentalidades. Assim, além de supervisionar a estratégia de longo prazo, os conselhos também devem se concentrar em como construir o pool de talentos para executar essa estratégia.

Essas mudanças colocaram a discussão sobre talentos em um lugar de destaque na pauta do conselho. Já não basta para o conselho discutir o programa de desenvolvimento gerencial apenas uma vez por ano. Os membros do conselho precisam falar sobre onde querem que a empresa esteja daqui a cinco anos. Como deve ser a estratégia? Qual base de talentos vai ser necessária para a empresa? Em muitos casos, a empresa precisa de habilidades diferentes, uma energia diferente e uma cultura diferente.

O conselho deve insistir para que a administração avalie seu programa de desenvolvimento de talentos e informe os resultados da avaliação — identificando as pessoas que avançaram para cargos onde fizeram uma diferença. O ex-CEO da Vanguard Jack Brennan conta como se beneficiou desse tipo de supervisão. Quando estava no comando da empresa, seu diretor de tecnologia faleceu subitamente e ele disse ao conselho que procuraria um novo diretor fora da empresa. Um conselheiro sugeriu que ele considerasse o líder da unidade de internet da Vanguard. Brennan se opôs dizendo que o candidato só tinha 31 anos. O conselheiro retrucou: "Quando você tinha 31 anos, já comandava a empresa toda".

Hoje Brennan diz: "Eu não tinha a inteligência nem a coragem para colocar um homem de 31 anos no comando de um terço da empresa". O conselho pode ajudar a administração a tomar decisões difíceis sobre talentos quando eles não conseguem puxar o gatilho. Caso você tenha interesse em saber o que aconteceu nessa história: aquele jovem líder de TI era Tim Buckley, que viria a suceder Bill McNabb como o CEO da Vanguard quase duas décadas depois.

Uma técnica que gostamos de usar para desenvolver talentos é transferir gestores-chave a diferentes funções para ampliar sua experiência, melhorar suas habilidades de aprendizado e os ajudar a aplicar seus conhecimentos em novas circunstâncias. Se bem gerenciados, esses pools de talentos serão uma fonte valiosa de novos líderes de equipe. Mas esse sistema de rodízio não deve ser meramente mecânico e deve envolver mais do que definir um tempo de estadia em cada cargo. A pessoa deve passar tempo suficiente no cargo — três ou quatro anos — para realmente ter a chance de aumentar sua capacidade de gerenciar em uma escala maior, em um grau mais alto de complexidade ou com um nível maior de responsabilidade.

Algumas empresas oferecem a possibilidade de rodízio de funções como um chamariz na contratação e usam seus funcionários mais jovens para vender a ideia. Em campanhas de recrutamento em faculdades, a GM costuma usar funcionários que se formaram nos últimos cinco anos. Os recém-chegados podem participar de um programa de dois ou três anos que lhes dará a chance de atuar em diferentes áreas da empresa. A fabricante aprendeu que os jovens funcionários valorizam a oportunidade de atuar em uma variedade de funções ao entrar em uma empresa tão grande quanto a GM.

Os membros do conselho precisarão monitorar os recém-chegados promissores à medida que se desenvolvem. Para conhecer os talentos de uma organização, não se limite aos eventos formais organizados pela administração. Por exemplo, muitas empresas promovem eventos para apresentar aos investidores a próxima geração de líderes ou executivos-chave na estrutura de gestão. Apesar de esses eventos terem seu valor, eles tendem a dourar um pouco a pílula. A maioria dessas apresentações tem um roteiro muito bem pensado e não mostra o que realmente está acontecendo em uma organização.

Seria melhor para os membros do conselho passar um tempo com os principais executivos em ambientes informais. Bob Weismann, ex-membro do conselho da Pitney Bowes, instituiu uma política segundo a qual os membros do conselho tomavam café da manhã com dois funcionários antes de cada reunião do conselho. Segundo ele, é muito melhor do que um jantar formal com o conselho e a administração sentados em uma longa mesa, o que é bom para apresentações, mas leva a conversas paralelas. (Justamente por essa razão, o ex-CEO da Verizon, Ivan Seidenberg, sempre insistiu em mesas redondas.)

As visitas a campo são especialmente proveitosas para dar ao conselho a chance de ver várias camadas hierárquicas abaixo da alta administração e conhecer as pessoas que têm mais chances de ser os líderes do futuro. Muitos conselhos usam pesquisas de engajamento de funcionários para investigar o que os níveis mais baixos da empresa pensam sobre o desempenho dos líderes. Mas os melhores conselhos percorrem a organização sozinhos, sem a administração por perto intimidando os funcionários. Com isso, eles podem ter uma ideia melhor do que realmente acontece na empresa.

Use essas oportunidades não só para fazer perguntas, mas também para responder às perguntas dos funcionários. A membra do conselho do UnitedHealth Group Michele Hooper seguiu esse modelo ao conduzir, por conta própria, fóruns para falar com os funcionários. "Eles fazem as perguntas mais inusitadas", ela conta. "Já me colocaram contra a parede para responder perguntas sobre pessoas específicas ou sobre a estratégia da empresa. Sugiro sempre deixar um tempo no final para dizer: 'Vocês têm mais alguma coisa para me perguntar, contar ou falar?' Dar esse espaço sempre traz à tona alguma coisa que não está na pauta e me dá uma ideia do que eles estão pensando e como se sentem sobre a organização e sua liderança".

Ambientes informais também podem ajudar o conselho a ter uma ideia melhor do que o CEO pensa sobre os talentos. A ideia deve ser incentivar um diálogo aberto sobre como criar uma equipe de liderança a partir do zero. Uma reunião para falar disso não precisa envolver documentos nem relatórios. Basta uma conversa informal, de preferência em um jantar, em vez da sala do conselho, porque, assim que a conversa ficar formal, o CEO vai querer proteger a equipe.

Para avaliar os talentos da Tyco International, o ex-CEO Ed Breen, hoje presidente executivo da DuPont, costumava organizar um jantar para os diretores de divisão e pedia que eles convidassem alguns funcionários responsáveis pelo trabalho diário. Ele escolhia três ou quatro membros do conselho para fazer uma visita de um dia inteiro, sem a presença da administração, observando a equipe gerencial e os funcionários de uma unidade. Na noite anterior à visita, os membros do conselho jantavam com 150 pessoas da unidade a ser visitada, o que lhes dava a chance de ver o nível de engajamento da força de trabalho com os objetivos da empresa.

Informações externas também podem oferecer insights interessantes sobre a equipe gerencial e uma boa ideia de como será o desempenho futuro deles. Converse com investidores nos eventos dos clientes da organização. Você vai ter uma ideia melhor do que o mundo externo pensa dos talentos da empresa e quem eles acham que se destacará em circunstâncias diferentes. As pessoas que têm um bom desempenho quando a empresa está em uma situação estável podem não ser as mais adequadas para liderar em um cenário de transformação.

Independentemente de os principais talentos serem internos ou externos, os melhores conselhos se adiantam aos problemas da equipe de liderança, mantendo-os no caminho certo tendo em vista o longo prazo. Use as reuniões do conselho para avaliar o desempenho de players importantes abaixo do CEO e fique de prontidão para intervir e orientar. Em uma intervenção exemplar, o conselho de uma empresa industrial de US$ 9 bilhões do sudoeste dos Estados Unidos convocou uma sessão executiva de uma hora depois de uma reunião do conselho. Na sessão, foram discutidas as contribuições de alguns dos líderes mais importantes da empresa. As observações incluíram:

- O diretor de manufatura faz coisas demais ao mesmo tempo e não está à altura do cargo. Ele se concentra nas operações e não tem capacidade de planejar pensando cinco anos adiante.
- O diretor de uma importante unidade de negócios não está sendo capaz de ver o potencial de crescimento exponencial. Precisamos de alguém com uma visão mais ampla do que poderia ser um negócio de US$ 10 bilhões.
- As pessoas encarregadas de identificar aquisições ignoram totalmente o setor de serviços.

O resultado foi que as apresentações para o conselho nos seis meses seguintes ficaram mais claras, mais objetivas e mais focadas, e a equipe passou a colaborar melhor.

Retendo os talentos certos: remuneração, diversidade e sustentabilidade

Uma das responsabilidades do conselho é garantir que o sistema de remuneração seja criado e implementado com justiça e que seja calibrado para reter pessoas essenciais para o sucesso da empresa.

Quanto à remuneração do CEO, é responsabilidade do conselho garantir que o pagamento do CEO esteja dentro dos padrões. Quanto maior a complexidade do pacote de remuneração, mais difícil fica encontrar o equilíbrio certo. Como Warren Buffett diz:

> Fiz parte do conselho de uma empresa muito importante na qual a participação acionária do CEO era excessiva. Ele tinha um prazo de quinze anos para exercer suas opções sobre ações, que variavam de todas as maneiras possíveis. E o conselho nunca as aprovou especificamente. Ele nunca foi um homem de grandes ostentações, mas se achava o melhor CEO do país e acreditava que, se não fosse pago de acordo, simplesmente não estaria recebendo o reconhecimento que merecia — um defeito muito humano. Acho que escolher o CEO certo é dez vezes mais importante do que a remuneração. Mas alguém precisa representar os acionistas, inclusive acima de executivos muito competentes.

Consultores podem ajudá-lo a definir os níveis de remuneração com base no cenário competitivo, mas eles só podem levar a organização até certo ponto. Você precisa de membros do conselho com experiência no mundo dos negócios e orientados aos investidores, mas com um interesse especial na corporação. É só nessas condições que alguém do comitê de remuneração vai se dispor a se manifestar quando o pagamento do CEO estiver alto ou baixo demais.

As empresas orientadas para o futuro atrelam a remuneração a iniciativas voltadas a levar a empresa ao sucesso no futuro. Cabe ao conselho insistir que a administração sempre leve o longo prazo em conta no recrutamento e na retenção. Se um executivo for crucial para o desenvolvimento de uma importante unidade de negócios no futuro, o conselho deve garantir que a administração esteja dando uma remuneração suficiente porque faz sentido para a empresa reter esse executivo por mais dez anos. O conselho deve perguntar se a administração está fazendo o suficiente para manter esse executivo.

As corporações maiores podem precisar variar o nível de remuneração de acordo com o setor. Em 2015, quando a GM adquiriu a

Cruise, uma desenvolvedora de carros autônomos, a unidade tinha quarenta funcionários. Hoje tem aproximadamente 1.100. A empresa tem uma estrutura de remuneração diferenciada para essa divisão. Considerando seu setor de atuação e as pesquisas envolvidas, a Cruise compete mais com o Google, o Facebook e a Amazon do que com a Toyota e a Volkswagen. E estamos falando de uma tecnologia típica do Vale do Silício. Os investimentos na unidade feitos pelo SoftBank e pela Honda permitiram à GM remunerar os funcionários com a emissão de ações, o que deu à empresa uma maneira de valorizar o crescimento da Cruise.

Fique de prontidão para adaptar sua estrutura de remuneração para levar em conta novas preferências dos funcionários. A GM descobriu que os millennials consideram os benefícios tão importantes quanto o salário, além de onde e como eles trabalham. Desse modo, a empresa tem o hábito de fazer benchmarks de seus programas de remuneração e avalia regularmente se eles estão alinhados com o mais novo grupo de funcionários.

Garanta que seus talentos não fiquem obsoletos e permaneçam engajados. Turner, da WSFS, recomenda que todas as empresas enviem executivos em uma "turnê" prolongada a cada três a cinco anos para atualizar os talentos, como ele próprio fez pouco antes de se aposentar (veja o Capítulo 2). Ele aconselha começar com o CEO e depois passar para outros gestores seniores para dar a cada um a chance de dar uma renovada. Considerando que cada pessoa vê o mundo de uma perspectiva diferente, os insights do CEO serão diferentes do diretor de RH e do diretor de TI.

A maioria dos membros do conselho sabe que as empresas devem se empenhar mais para garantir a diversidade em seu pool de talentos. Um executivo pediu à administração de uma grande corporação que analisasse os funcionários por gênero e raça em todos os níveis da organização. Os resultados foram decepcionantes, e tanto a empresa quanto a base de funcionários saíam perdendo por isso. O executivo pergunta: "Se apenas 1,5% de seus vice-presidentes são negros, será que vocês realmente estão encontrando as melhores pessoas?"

Por essa e outras razões, as empresas devem recalibrar toda sua política de recrutamento em torno da diversidade. Na Vanguard, um de nós (McNabb) precisou contratar alguém para substituir nosso assessor jurídico geral de longa data, que tinha se aposentado. Queríamos aproveitar e encontrar alguém de fora para colaborar com uma experiência diferenciada, especialmente considerando que nossos negócios estavam se globalizando cada vez mais. Recorremos à Spencer Stuart, uma empresa de headhunting, que propôs alguns excelentes candidatos, mas todos homens brancos. O negócio de gestão de investimentos não é muito diversificado.

Acabamos impondo a condição: "Só estamos dispostos a considerar candidatos que promovam a diversidade na nossa organização. Enquanto vocês não nos apresentarem candidatos que atendam a essa exigência, a vaga vai continuar aberta". A Spencer Stuart acabou apresentando alguns candidatos fantásticos, incluindo uma mulher negra com um currículo espetacular. Conseguimos convencê-la a se mudar de Nova York para a Filadélfia. Levamos quatro meses a mais do que o planejado, mas valeu muito a pena. Não se iluda: ela não foi contratada porque era negra. Ela deixou todos os outros candidatos comendo poeira com sua experiência e seu potencial. A lição é que não a teríamos encontrado se não tivéssemos insistido em um pool diversificado.

O talento pode ser encontrado em todos os setores da sociedade. Não é necessário provar o tamanho do aporte que a diversidade traz para a geração de valor valor. A diversidade deve estar no centro do recrutamento. Para fomentar a diversidade, as empresas precisam transformar uma premissa fundamental do recrutamento: em vez de simplesmente buscar o melhor candidato assim que uma vaga é aberta, os responsáveis pela contratação devem mudar o processo de seleção para identificar talentos no início da carreira. Em vez do processo comum de esperar que a vaga seja aberta para procurar um assessor jurídico geral, as empresas devem ficar de olho nos diferentes níveis hierárquicos para encontrar talentos brutos muito antes de precisarem de alguém para ocupar o cargo.

Os conselhos devem garantir que a empresa se adiante a essas necessidades em vez de ter de sair correndo para apagar incêndios. A ideia é ver o talento através de uma lente grande angular. Os conselhos precisam garantir não apenas a diversidade de gênero, etnia e idade, como também a diversidade de pensamento, geografia e experiência. Use pools de talentos não tradicionais. Tome cuidado com o viés inconsciente, ou o viés incorporado em algoritmos.

A diversidade deve ser real, não artificial — em outras palavras, a empresa não deve se limitar a ticar os itens de uma lista de requisitos. Maria Erdoes, da J.P. Morgan, explica: "A diversidade só pela diversidade não leva a nada. A diversidade de pensamento, que resulta da diversidade de idade, experiência, setor, tem muito mais valor". Segundo Erdoes, é importante para qualquer empresa incluir perspectivas diversas. São essas perspectivas diferentes que permitem que as pessoas façam perguntas "idiotas" que, de acordo com Erdoes, "nunca são idiotas".

Cada vez mais empresas estão reconhecendo que as mulheres que já fazem parte de sua força de trabalho estão em posições subvalorizadas e poderiam ter uma atuação mais ampla por toda a organização. As executivas mulheres de muitas empresas americanas se concentram em departamentos de RH, muitas vezes no cargo mais alto. Em 2019, 58 empresas da *Fortune* 100 tinham uma mulher no comando dos recursos humanos. E é cada vez mais comum envolver profundamente o diretor de RH no planejamento do futuro da empresa. O problema é que o RH ainda costuma ser visto como uma função mais "soft" do que outras funções e o pessoal de RH normalmente recebe menos chances de ser transferido para a diretoria de outras funções.

As melhores empresas estão ajudando as mulheres de cargos seniores a expandir seu âmbito formando um "G3", ou seja, uma parceria entre o CEO, o diretor financeiro e o diretor de RH. Eles definem prioridades em colaboração, reveem as operações da empresa todo trimestre e se comunicam com frequência entre si. A estreita colaboração amarra a alocação de recursos humanos e financeiros por toda a organização e melhora muito a estratégia e a execução.

A mesma ideia pode ser aplicada em níveis mais baixos da organização. Os líderes de RH podem desenvolver habilidades mais amplas trabalhando em estreita colaboração com os líderes das unidades de negócios, ajudando a melhorar a alocação, o recrutamento, o aprendizado e o desenvolvimento de executivas mulheres. Todas essas iniciativas também podem ajudar a identificar líderes de RH com potencial de atuar em conselhos de empresas de capital aberto (veja o Capítulo 4).

Na GM, todas as reuniões do conselho incluem a diversidade na pauta, discutindo em profundidade um aspecto da questão — por exemplo, em uma reunião eles podem concentrar a discussão nos talentos do sexo feminino; em outra eles podem falar de talentos não brancos; e, na próxima, podem discutir talentos fora dos Estados Unidos. Sempre que os gestores visitam uma fábrica em outro país e são acompanhados de membros do conselho, a agenda sempre inclui um tempo para os membros do conselho conversarem com os líderes locais e... analisarem os talentos em ascensão.

As novas metas de sustentabilidade e responsabilidade social também são importantes no que diz respeito aos talentos. Enquanto algumas empresas promovem a sustentabilidade como uma iniciativa filantrópica, outras, como a Unilever, almejam se definir com base na sustentabilidade. Muitas empresas se posicionam entre esses dois extremos. Mas, como diz Shelly Lazarus, presidenta emérita e ex-CEO da Ogilvy & Mather, a tendência é todas seguirem o exemplo da Unilever: "Quanto mais suas comunidades, seu público e sua força de trabalho forem compostos de millennials, mais a sustentabilidade importa". Para os millennials, essa questão é importantíssima e uma empresa que decidir ignorar a sustentabilidade corre um grande risco. Os millennials têm opiniões fortes sobre as empresas que eles consideram boas e ruins. E eles se baseiam nisso ao decidir se querem trabalhar em uma empresa ou continuar onde estão.

A Unilever já está colhendo os frutos de sua política. O planejamento sustentável tem sido excelente para atrair talentos dos millennials. Os talentos são escassos e essa geração elegeu a Unilever como o segundo melhor lugar do mundo para trabalhar, perdendo apenas para a Patagonia.

Mas nem todos veem os resultados financeiros como o principal objetivo de todas as medidas de sustentabilidade. A ex-CEO da Xerox e atual membro do conselho da Johnson & Johnson, Anne Mulcahy, diz: "A sustentabilidade e a responsabilidade social não entram em conflito com o valor para o acionista, mas também não acho que devemos discutir a cidadania corporativa no contexto de retornos financeiros. É extremamente importante para a proposição de valor dos funcionários, mas todos os funcionários estão começando a esperar isso das empresas, o que considero muito positivo". (Para saber mais sobre a sustentabilidade, veja o Capítulo 2.)

Monitorando a cultura

A cultura é uma parte essencial da equação do talento. A cultura é o espírito do seu negócio. Orienta o comportamento. Molda o talento. Mas a cultura não é estática. Ela também depende das pessoas que a empresa contrata.

As implicações dos problemas culturais repercutem pela empresa toda. Muitos dos grandes problemas corporativos dos últimos anos — Wells Fargo, Enron, Volkswagen e Boeing, e o movimento #MeToo, que afetou muitas organizações — não resultaram apenas de falhas no monitoramento de riscos, mas ocorreram em culturas nas quais os valores eram mal alinhados, as coisas erradas eram recompensadas ou as pessoas tinham medo de denunciar infrações. Tim Richmond, diretor de RH da empresa biofarmacêutica AbbVie, diz: "A cultura está no centro de tudo. Dela depende a decisão das pessoas de cuidar da empresa como se fossem donas dela, de prejudicar a reputação da empresa ou de não dar a mínima. A cultura não é um programa. É um reflexo do que você faz todos os dias. De como você se engaja. De como você reage".

Para garantir uma cultura saudável, os membros do conselho devem auditar a cultura e, para isso, devem sair a campo. Eles aprenderão muito mais sobre cultura fazendo visitas e conversando pessoalmente com as pessoas do que jamais aprenderiam na sala do conselho. Fazer isso é exercer a governança vendo e conversando. Sem isso, fica difícil encontrar excelentes gestores na empresa. Além disso, os funcionários podem ficar mais à vontade falando diretamente com um membro do conselho. Eles sabem que não serão demitidos por revelar um problema ao conselho. Afinal, os membros do conselho estão lá justamente para isso: saber a verdade.

Procure sinais de problemas na cultura da organização. Um possível indicativo de problemas é quando ninguém fica muito tempo na equipe da alta administração. Além de ter implicações para a cultura, a alta rotatividade também pode ser um sinal de alerta. Muitas empresas contratam de fora pessoas para compor a equipe da alta administração e essas pessoas acabam saindo e tendo de ser substituídas a cada dois ou três anos. Essas empresas não estão construindo uma cultura que encoraje as pessoas a ficar e ver os resultados de seus esforços.

Se a substituição for frequente, o conselho deve investigar se a rotatividade na alta liderança resulta de um problema com o CEO ou é uma característica da organização como um todo. O CEO tem um comportamento problemático ou não sabe avaliar os candidatos? As pessoas estão saindo da empresa porque os concorrentes estão fazendo ofertas irrecusáveis? Ou a empresa está errando nas demissões? Para se manter informado, o conselho deve pedir um relatório mensal sobre os funcionários que saíram para ir trabalhar em outro lugar.

Especialmente no caso de grandes empresas, a cultura pode não ser uniforme por toda a organização. Ed Garden, da Trian, e que também faz parte do conselho da GE, descobriu que a cultura da empresa varia de acordo com a linha de negócios. Ele explica: "A cultura da Aviation é muito diferente da cultura da Power. Não é homogênea. Você precisa ir pessoalmente aos lugares para sentir as operações".

Problemas nas operações do dia a dia também podem indicar a necessidade de mudanças na cultura. A cultura afeta as operações em várias áreas cruciais, principalmente a tomada de decisão, execução de mudanças e promoções e desenvolvimento de funcionários. Todas as áreas podem ser avaliadas pela cultura do comportamento interpessoal. As pessoas competem entre si de maneira destrutiva? Elas engavetam informações? Usam linguagem abusiva? Os players mais importantes não trabalham em colaboração? O conselho não pode parar de fazer essas perguntas.

Desses fatores, a cultura no processo de tomada de decisão é uma questão operacional importantíssima. Qual é o comportamento das pessoas nos pontos de interseção onde as grandes decisões são tomadas? Por exemplo, a precificação pode envolver vários departamentos, o que requer uma boa colaboração entre eles. Para avaliar a cultura, descubra quem controla a transação. Quais informações e quais regras são usadas? Quais questões são evitadas? O processo é dominado por uma pessoa só? As decisões são baseadas em fatos, intuitivas ou uma mistura dos dois? Como o grupo se recupera de um erro? As pessoas reagem construtivamente ou tentam apontar culpados? O conselho pode exigir uma análise do processo decisório e contratar uma consultoria externa para fazer uma avaliação.

O conselho pode aplicar a mesma abordagem analítica à cultura de promoções e desenvolvimento. Os atributos das pessoas que são promovidas — suas qualidades e características — podem revelar muito sobre a cultura. O processo é objetivo? Não cabe ao conselho administrar o processo em nenhum desses âmbitos. A ideia é pedir informações e dar feedback e orientação.

Uma crise pode ser uma oportunidade para rever a cultura. Uma grande empresa que foi forçada a fazer um recall de um produto percebeu que tinha um problema cultural porque diferentes unidades ocultavam umas das outras informações que permitiriam à empresa tomar decisões melhores. Em vez de tentar defender a cultura, a empresa aproveitou a oportunidade e contratou uma consultoria para fazer uma investigação e uma avaliação externa. Em seguida, a empresa chamou centenas de seus principais líderes de todo o mundo para um encontro e fez uma pergunta simples: se eles pudessem mudar uma única coisa na cultura da empresa, o que seria? As respostas foram sintetizadas e incorporadas à cultura da empresa.

A cultura é um reflexo dos talentos de sua empresa. Desse modo, para contar a história de sua empresa ao mundo, converse com os investidores sobre seu pessoal. Se você cultivar bem seus talentos, terá uma boa história para contar aos investidores. Mostre como seus talentos se relacionam diretamente com a criação de valor de longo prazo. As boas histórias não devem se limitar às empresas da indústria da moda, cujos estilistas são monitorados pelos investidores, ou às empresas farmacêuticas, cujos investidores monitoram o diretor de P&D e o relacionamento com a Food and Drug Administration (o equivalente à Anvisa no Brasil). Todas as organizações têm boas histórias para contar. Toda empresa deve ser capaz de dizer aos investidores como seu pessoal cria valor.

No fim das contas, porém, a cultura de uma empresa é definida no topo, geralmente pelo exemplo, não por palavras. Como Mary Barra, da GM, diz: "Eu não tenho como assumir o cargo e mudar a cultura da noite para o dia. Mas o que posso fazer é ficar de olho no exemplo que estou dando hoje, em como eu me comporto em uma reunião, como tomo ou deixo de tomar uma ação". A GM faz encontros com os líderes seniores duas vezes por ano e conferências telefônicas trimestrais, e a maioria é sobre cultura e comportamento. E o conselho levanta o assunto várias vezes por ano.

O sucesso ou fracasso de uma empresa será uma função das pessoas — sua qualidade, sua expertise, seu empenho, sua cultura — e de como o conselho as influencia.

CHECKLIST PARA GERENCIAR TALENTOS

- Inclua a gestão de talentos na pauta de todas as reuniões do conselho.
- Determine as qualidades das quais o CEO e a equipe de liderança precisarão no futuro com base na estratégia da empresa e nas tendências do mercado.
- Adiante-se e planeje identificando candidatos a CEO dois ou três níveis abaixo.
- Use simulações para comparar os candidatos a CEO e teste os finalistas em diferentes áreas da empresa.
- Converse com colegas e clientes sobre todos os candidatos internos a CEO.
- Faça visitas a campo para conhecer os prováveis líderes de amanhã.
- Atrele a remuneração a iniciativas que aumentarão o valor no futuro.
- Para garantir a diversidade nas posições de liderança, identifique e cultive os talentos antes de precisar deles.
- Para atrair colaboradores mais jovens, adote importantes iniciativas de sustentabilidade.
- Fique atento a sinais de problemas na cultura, como a rápida rotatividade de pessoas da alta administração.

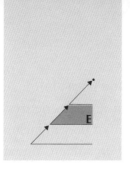

Capítulo 2
O IMPERATIVO ESTRATÉGICO

Se os talentos são o primeiro pilar do novo TSR, a fonte da força de uma empresa, a estratégia é o segundo pilar, que a empresa emprega para encontrar seu caminho para o crescimento de longo prazo. Talentos e estratégia são análogos e recíprocos: os talentos definem a estratégia, e a estratégia depende de pessoas com as habilidades certas para implementá-la. Definir a estratégia e executá-la bem é a principal obrigação da administração. Com base nisso, a supervisão da estratégia é uma responsabilidade crucial do conselho.

Um dos principais objetivos da estratégia é manter a empresa à frente dos concorrentes em termos de desempenho e retorno aos acionistas, agora e no futuro. E o conselho não pode deixar de focar a alocação de recursos humanos e financeiros. Nesse papel, o conselho deve ajudar a administração a identificar opções, criar oportunidades e tomar decisões sobre novos empreendimentos a serem perseguidos e antigos a serem descartados.

O novo TSR requer uma nova abordagem à tomada de decisões. A maioria dos conselhos usa planos de três a cinco anos para monitorar a estratégia. Esses planos podem incluir uma agenda estratégica, detalhes de projetos, um orçamento anual e um plano de investimento de capital, todos voltados a atingir uma meta de retorno total ao acionista.

Essa abordagem pode até ajudar, mas não é suficiente. Hoje em dia, as empresas devem ser capazes de reagir rapidamente à volatilidade do mercado, à incerteza estrutural e às tendências da economia global que podem chegar a ameaçar a existência da empresa.

Para fazer isso, as empresas não podem deixar de usar as novas ferramentas de análise de dados. Tanto que, se a sua empresa ainda não for essencialmente digital, ela deve avançar com urgência nesse sentido ou correr o risco de ficar totalmente obsoleta — como aconteceu com a Kodak, que não conseguiu identificar a mudança para a fotografia digital, e a Blockbuster, que deixou de se beneficiar da tendência em direção ao streaming — ou perder totalmente a relevância, como a Microsoft na área de buscas na internet, onde a participação da empresa no mercado global é de apenas 5%.

A tecnologia digital é um exemplo de avanço cuja adoção pode ter um efeito enorme na capacidade de uma empresa de gerar dinheiro — algo que as projeções comuns de resultados financeiros podem deixar passar. Por essa razão, propomos que o conselho preste tanta atenção ao modelo de geração de dinheiro quanto à estratégia da empresa. Um painel de métricas diretamente atreladas ao modelo de geração de dinheiro ajudará o conselho e a administração a proteger tanto o planejamento de longo prazo quanto a execução de curto prazo.

Os clientes são vitais para o sucesso tanto da estratégia quanto do modelo de geração de dinheiro, o que significa que o conselho deve descobrir o que puder sobre os clientes e os mercados da empresa. Munido desse conhecimento, o conselho pode ajudar a identificar novos caminhos de crescimento, do mesmo modo como um investidor ativista faria.

Os conselhos devem se concentrar nas métricas de geração de dinheiro da empresa, não em projeções de curto prazo de retorno aos acionistas. Ao rever a estratégia, eles devem garantir que ela inclua com clareza as ações relacionadas à geração de dinheiro. Os melhores conselhos discutem todo o espectro de questões financeiras e operacionais, concentrando-se no consumidor, criação de valor, vantagem competitiva, mercado, talento, investidores e sustentabilidade. Vamos ajudá-lo a amarrar tudo isso junto. (Veja a Figura 2-1.)

Figura 2-1

O novo TSR: estratégia

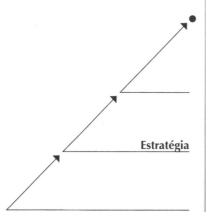

Atrele os talentos às necessidades estratégicas
Garanta que a empresa tenha a equipe certa para os objetivos de amanhã.

Atrele a estratégia à execução
Desenvolva benchmarks de curto prazo para manter as iniciativas de longo prazo no caminho certo.

Conheça as ameaças competitivas provenientes tanto de startups quanto de empresas consolidadas
Avalie seus talentos e sua estrutura e aloque capital adequadamente.

Saiba como o ESG afeta o mix de investidores
Demostre uma boa governança para atrair investidores.

Adote uma estratégia híbrida
Pense em modelos de private equity, mas também aja pensando no longo prazo.

Diversifique as informações
Use perspectivas tanto internas quanto externas nas discussões do conselho.

Discuta sobre decisões de fusões e joint ventures
Monte duas equipes para debater as principais iniciativas.

Implemente tecnologias digitais e de inteligência artificial
... ou morra.

O imperativo estratégico 69

Um modelo de geração de dinheiro atrelado à estratégia

Nas discussões sobre a estratégia, é comum se basear no modelo de negócios de uma empresa. O modelo de geração de dinheiro é diferente e pode ter um papel crucial na criação de valor tanto no curto quanto no longo prazo.

Um modelo de geração de dinheiro mostra como os elementos básicos da geração de dinheiro — como receita, margens brutas, custos fixos e variáveis, e geração e utilização de caixa — se combinam em um determinado negócio. Cada empresa terá seu próprio modelo de geração de dinheiro — que pode até ser parecido com o de outras empresas, mas sempre será único, especialmente em sua execução.

A importância cada vez maior dos modelos de geração de dinheiro na era digital foi prenunciada pela obra seminal do economista W. Brian Arthur sobre a ciência dos retornos crescentes. Sua doutrina descreve como as empresas líderes em setores baseados no conhecimento tenderão a avançar ainda mais, em oposição aos retornos decrescentes de indústrias manufatureiras poluentes e outros negócios tradicionais, nos quais as empresas de sucesso desaceleram à medida que enfrentam limitações físicas.

Os dois tipos de negócio têm padrões diferentes de investimento, ganhos e geração de caixa. As empresas tradicionais moldam seu futuro fazendo investimentos de capital. Já as empresas digitais moldam seu futuro contratando cientistas da computação e pagando taxas de licenciamento, que elas registram como despesas operacionais. Essas despesas suprimirão os ganhos da empresa digital, resultando em impostos mais baixos antecipadamente e, em consequência, liberando caixa. Desse modo, negócios digitais como a Amazon tendem a se concentrar em caixa por ação, não em lucro por ação.

Por outro lado, um plano estratégico convencional de três a cinco anos pode incluir apenas os resultados financeiros, deixando de fora a interação dos componentes do modelo de geração de dinheiro ou a eficácia de seu funcionamento. Qualquer revisão pela administração deve incluir métricas de geração de dinheiro além dos resultados financeiros. E cabe ao conselho garantir que a administração monitore essas métricas para que a empresa continue no caminho certo para o crescimento em longo prazo.

Na era digital, todas as empresas devem reavaliar seu modelo de geração de dinheiro. Em suas apresentações ao conselho, a administração deve explicar como o modelo de geração de dinheiro está funcionando, bem como as iniciativas que a empresa está tomando para executar o plano. E, quando os resultados financeiros da empresa não atendem às expectativas, o conselho deve investigar em profundidade seu modelo de geração de dinheiro. As perguntas que o conselho deve fazer de tempos em tempos incluem: o modelo existente de geração dinheiro é o melhor para a empresa, considerando as mudanças na concorrência e nas tecnologias? Se não, qual alternativa devemos considerar ou criar? E como um modelo diferente afetaria o valor de mercado da empresa e outras medidas financeiras?

A execução é crucial para o modelo de geração de dinheiro — e para o novo TSR. Talento, estratégia e risco podem estar todos corretos, mas, se a execução falhar, as empresas se perderão do caminho. Desse modo, o conselho precisa criar um painel para monitorar os *milestones* das iniciativas e das atividades de criação de valor, e deve comunicar os resultados aos 25 maiores acionistas.

As discussões do conselho sobre a estratégia também devem vincular os planos de curto e de longo prazo. É responsabilidade do conselho manter a administração focada no caminho para o valor futuro, aprendendo com as lições do passado. Ao avaliar uma nova proposta, os melhores membros do conselho fazem questão de rever a estratégia de cinco anos da empresa e perguntar onde essa iniciativa se encaixará. Qualquer proposta envolve um *trade-off* e um custo de oportunidade. Se você quer investir recursos em uma nova iniciativa, do que pretende abrir mão? Será que você não estará renunciando a um investimento ainda melhor para o longo prazo? O conselho não pode deixar de fazer essas perguntas.

Leva tempo conhecer as métricas do modelo de geração de dinheiro. Para o conselho supervisionar adequadamente a estratégia, deve ter as informações e os meios para avaliá-la. Acontece muito de os conselhos simplesmente não dedicarem tempo suficiente à estratégia. Em vez de simplesmente apresentar centenas de slides de PowerPoint ao conselho, a administração deve falar abertamente sobre os diferentes cenários estratégicos e seus possíveis desenvolvimentos.

A administração pode ajudar resumindo as informações que apresenta ao conselho. Na GM, antes da reunião do conselho, a CEO Mary Barra envia aos membros do conselho um resumo de duas páginas sobre os assuntos que serão discutidos na reunião, apresentando as decisões que a administração tomou e as opiniões que pedirá ao conselho. Pedir que a equipe aborde todos os pontos cruciais em um relatório de duas páginas permite à empresa apresentar muitas informações ao conselho de forma concisa e eficiente e incluir a estratégia em todas as reuniões do conselho.

Com as informações certas, as empresas poderão ver o futuro antes dos concorrentes e poderão deixar o passado para trás. Elena Botelho, da ghSMART, diz: "Por trás de todas as histórias de incapacidade de adaptação, na verdade há uma história de incapacidade de abrir mão de algo que foi muito lucrativo por um tempo, mas se tornou obsoleto. Uma organização adaptável construirá um negócio e o canibalizará, ao contrário do que fez a Blockbuster, que poderia ter comprado a Netflix por US$ 50 milhões". Os melhores conselhos fazem perguntas para se adiantar ao que pode acontecer amanhã e, quando necessário, adaptar ou transformar a estratégia da empresa.

Um excelente exemplo de como um modelo de geração de dinheiro pode ajudar as empresas a se adaptar às mudanças e criar valor de longo prazo vem da Adobe, uma desenvolvedora de software de design de US$ 11 bilhões. As vendas de seus pacotes de software mais caros ficaram estagnadas depois da crise financeira de 2008. Em vista disso, o CEO Shantanu Narayen decidiu migrar a Adobe para um serviço de assinatura, revolucionando o modelo de geração de dinheiro da empresa.

Com isso, Narayen estava apostando que uma grande base de clientes até então inexplorada preferiria pagar uma taxa mensal, anual ou baseada no uso para acessar a Adobe Creative Cloud em vez de fazer um grande pagamento antecipado para comprar o pacote Adobe Creative Suite. Foi uma jogada arriscada. Os clientes da Adobe estavam acostumados a comprar o software e ter um produto estável. Por esse motivo, o conselho não levou muita fé no novo plano.

Para não pegar os clientes de surpresa, Narayen anunciou a mudança um ano antes de sua implementação em 2011 e concordou em manter os dois modelos de distribuição paralelamente por um tempo. Mas muitos clientes antigos se rebelaram, irritados com a perspectiva de transformar um pagamento único em uma anuidade para a Adobe. As dúvidas do conselho se intensificaram quando as vendas despencaram logo após o lançamento do modelo de assinatura. Mas o conselho confiava em Narayen e apoiou a decisão.

Os benefícios do modelo de assinatura não levaram muito tempo para ficar claros, tanto para a Adobe quanto para muitos de seus clientes. Para a Adobe, o modelo de assinatura permitiu que a empresa estendesse seu mercado para empresas menores e usuários individuais. E, tanto para os clientes quanto para a Adobe, as assinaturas eliminaram a dor de cabeça e o custo de fazer atualizações constantes do produto após a instalação, necessárias para manter os usuários atualizados sobre as mudanças na tecnologia de design. Não era raro o Creative Suite já estar um pouco desatualizado apenas algumas semanas depois que um cliente corporativo o implantava em toda a rede.

Ao adotar o modelo de assinatura, a Adobe mudou a maneira como ganha dinheiro e, portanto, a relação entre os elementos de seu modelo de geração de dinheiro. A razão entre custos e receitas diminuiu, com um aumento das margens brutas e das receitas recorrentes à medida que o custo de aquisição e retenção de clientes caía. Se a Adobe tivesse se orientado apenas com base em projeções financeiras padrão para prever retornos, a empresa jamais veria os benefícios da mudança. Na verdade, um bom modelo de geração de dinheiro é que faz com que as projeções financeiras sejam úteis, e não o contrário.

A Adobe parou de vender o Creative Suite em janeiro de 2017. Quando isso aconteceu, o preço de suas ações havia mais do que quadruplicado, para US$ 106 por ação, em relação ao preço no momento do lançamento da Creative Cloud. Em setembro de 2020, o preço das ações tinha quase quintuplicado mais uma vez, indo para US$ 491 — uma prova de que o profundo conhecimento de seu modelo de geração de dinheiro e saber quando ele deve ser mudado pode valer muito a pena na criação de valor de longo prazo.

Criando um modelo do mercado

Para apoiar o modelo de geração de dinheiro da empresa, o conselho deve desenvolver seu próprio modelo do mercado da empresa e de como ele está evoluindo. O conselho pode contratar consultores para ajudar a criar esse modelo, mas o trabalho deve ser feito à parte da administração; para ser independente, o conselho precisa de suas próprias fontes de informação. Ao supervisionar a estratégia, os membros do conselho devem se orientar pelo modelo que eles mesmos desenvolveram e compará-lo com a visão da administração sobre as mudanças no mercado.

Um componente essencial do modelo de mercado é uma discussão franca sobre a vantagem competitiva de longo prazo — sua vida útil e sinais de declínio ou melhoria. Essa análise também deve fazer parte de um painel analítico mensurável. Um consultor externo pode validar periodicamente as premissas da análise competitiva. O conselho deve exigir essas avaliações da administração. Essas métricas também devem ajudar a administração a trabalhar para gerar um retorno de longo prazo aos acionistas.

Ao construir seu modelo de mercado, faça bom uso dos membros do conselho que já têm experiência fazendo isso. Na GM, Barra recorre a esses membros do conselho para gerar ideias. As ideias deles são sempre muito interessantes, considerando a transformação da indústria automobilística pelas tecnologias de eletrificação, conectividade autônoma e outras inovações. Cada reunião inclui um mergulho profundo em uma dessas áreas e se baseia no conhecimento coletivo do conselho. Quando a GM toma uma grande decisão estratégica — por exemplo, o investimento do SoftBank na divisão Cruise da GM e a parceria da empresa com a Honda para produzir carros autônomos —, a administração já teve várias discussões a respeito com o conselho e se beneficiou das opiniões e pontos de vista dos membros do conselho.

Para ajudar a definir a estratégia de longo prazo, algumas empresas estão tomando medidas inovadores para se manter a par das tendências do mercado. Pouco antes de deixar o cargo de CEO, Mark Turner, da WSFS, saiu em uma viagem de três meses para visitar empresas e clientes do setor de serviços financeiros com o objetivo de conhecer melhor o mercado e buscar possíveis parcerias. Ele diz: "Visitei 49 organizações diferentes nos Estados Unidos e viajei mais de 70.000 quilômetros. Visitei bancos tradicionais fazendo coisas interessantes como o Northern Trust e o Huntingdon. Visitei organizações tradicionais como o Walmart, a Wawa e a Becton Dickinson, e também empresas de tecnologia como o Google e a Apple, e fintechs do Vale do Silício e de outros lugares".

Um objetivo da turnê foi investigar as tendências macro que estão convergindo para os serviços financeiros. Uma delas é que os millennials estão ultrapassando os boomers como a geração mais numerosa e mostrando maneiras muito diferentes de pensar e se comportar. Outra tendência é a noção de que big data e processos automatizados transformarão os modelos tradicionais de tomada de decisão.

Mas a maior tendência para a WSFS foi a incursão feita pela tecnologia digital na entrega de serviços. Turner diz: "Passamos 187 anos nos destacando em fornecer pessoalmente serviços financeiros aos nossos clientes, por meio de funcionários em agências físicas, com a ajuda de sistemas e tecnologia. Mas, especialmente com o advento do smartphone, cada vez mais clientes estão preferindo interagir conosco apenas por meios digitais". A turnê ajudou a consolidar esse movimento na WSFS. E posicionou a empresa para criar retornos de longo prazo ajustando seu modelo de geração de dinheiro.

Você pode não ter de viajar milhares de quilômetros como Turner para fazer isso. Os conselhos podem encorajar o CEO a montar uma equipe de busca de fusões e aquisições ou joint ventures para identificar tecnologias disruptivas ou empresas emergentes e investir nelas, como o Facebook fez com o WhatsApp e como a Amazon fez no setor de veículos autônomos.

Fazendo a estratégia funcionar em longo prazo

Para supervisionar a estratégia, o conselho precisa começar conhecendo a equipe de gestão sênior por trás das decisões — seus vieses, habilidades e perfis de risco. Essas características determinam as escolhas que a equipe de administração faz e as estratégias que define. Em algumas empresas, o CEO e o diretor financeiro são bons negociadores que tendem a expandir a empresa por meio de aquisições. Em outras empresas, a alta liderança tem mais experiência com o crescimento orgânico e muito pouca experiência com fusões e aquisições. O papel do conselho é garantir que a empresa esteja no caminho certo com uma estratégia que se adapte às habilidades da administração — ou mudar as habilidades para se adequar à estratégia.

As dificuldades surgem quando as empresas saem da zona de conforto de seus líderes. Por exemplo, o ponto forte dos líderes do Bank of

America era o crescimento orgânico, mas eles decidiram crescer por meio de aquisições e, em 2008, dois acordos foram um grande golpe para a empresa — as aquisições da Countrywide Financial e da Merrill Lynch. Hoje o banco está se voltando novamente ao crescimento orgânico. Quando surge um comportamento anômalo, o conselho precisa saber o que está acontecendo com a administração.

Manter o equilíbrio entre talentos e estratégia é especialmente difícil quando as circunstâncias mudam rapidamente. A velocidade alucinante da disrupção está virando muitas empresas de cabeça para baixo, levando a rápidas transformações na maneira como elas pensam sobre sua estratégia de longo prazo. E essa disrupção está pondo por terra as suposições sobre as pessoas que as empresas precisam para executar essa estratégia.

Para ajudar a manter todos alinhados, a comunicação sobre a estratégia deve fluir por toda a organização. Muitas empresas cometem o erro de não incluir a estratégia em seus programas de treinamento de funcionários. Raj Gupta, da Delphi Automotive, diz: "O desafio para a liderança é traduzir a estratégia para diferentes níveis da empresa e garantir que as pessoas associem a estratégia com seu trabalho do dia a dia". A melhor maneira de fazer isso é manter todos informados. Gupta viu CEOs fazendo teleconferências com duzentos ou trezentos funcionários no fim do mês para discutir os resultados do período e os imperativos e as prioridades estratégicas para o próximo mês. Ele diz: "O único jeito que conheço de fazer isso é comunicação e reforço constantes".

Com o equilíbrio certo entre talentos e estratégia, os gestores devem se voltar aos clientes e aos usuários para executar sua estratégia tendo em vista o longo prazo. De sua parte, o conselho pode começar coletando boas informações sobre os clientes, a concorrência e o mercado para garantir que a administração tenha o que precisa. O conselho deve ter à sua disposição um painel de indicadores que inclua todos os aspectos da experiência do usuário — uso do cliente, benefícios comportamentais, expectativas do cliente, pontos problemáticos para o cliente.

Como parte de sua estratégia, a empresa pode mensurar os benefícios para o cliente hoje e descrever como a inovação melhorará a vida dos clientes no futuro.

O conselho também deve ter acesso a um levantamento independente para ajudar a determinar quais benefícios só a empresa oferece aos consumidores em comparação com a concorrência — e o que os clientes vão querer no futuro. A extensão na qual a empresa atende às necessidades do cliente é um fator crucial na criação de valor e um aspecto ao qual os investidores ativistas também ficam atentos.

Algumas das melhores empresas tomaram medidas para formalizar o foco estratégico no cliente. Turner, da WSFS, diz: "No nosso caso, criamos o cargo de diretor de experiência do cliente para avaliar o que os nossos clientes acham de interagir conosco por toda a organização e para fazer as mudanças necessárias". Até agora, essas mudanças envolveram a criação do que o banco chama de uma plataforma omnicanal perfeita, que permite que os clientes interajam com a empresa da maneira que preferirem, on-line ou pessoalmente. Nos próximos anos, as inovações incluirão serviços de empréstimos usando novas ferramentas digitais, incluindo inteligência artificial e bots.

A administração pode ajudar instruindo seus conselhos sobre os clientes da empresa. Os CEOs podem convidar os conselhos para eventos com clientes, dando-lhes a chance de interagir com compradores e funcionários e ver os produtos, e para eventos com investidores, para ver o que a comunidade de investidores pensa da empresa. A empresa também pode convidar os clientes mais importantes para um jantar com membros do conselho. Com isso, membros do conselho provenientes de setores diferentes e com experiências variadas podem contribuir fazendo perguntas e dando sugestões com base em seus pontos fortes e em seus insights sobre as tendências atuais.

O conselho pode apoiar uma revisão do modelo de geração de dinheiro encorajando a administração a alinhar a estratégia corporativa com a execução digital. Na área de recursos humanos, as empresas podem usar concursos on-line para ter acesso a candidatos que os métodos tradicionais de recrutamento poderiam deixar passar. E, na área de TI, uma empresa pode criar uma plataforma de tecnologia digital para administrar todos os funcionários de uma variedade de departamentos paralelamente à infraestrutura de TI existente. Depois de transferir todos os dados para a nova plataforma, a empresa pode descontinuar a antiga.

Com as pessoas e os sistemas certos, o papel estratégico mais importante do conselho será tomar decisões sobre as principais iniciativas: fusões e aquisições, desinvestimentos, grandes investimentos, entrada em novos mercados e saída de mercados atuais. As principais perguntas que os conselhos precisam fazer ao considerar suas opções estratégicas incluem se uma iniciativa será útil ou prejudicial em longo prazo e se pode ou não ser afetada por uma tecnologia concorrente. Michele Hooper, do Directors' Council, diz: "Vejamos o exemplo da Blockbuster ou da Redbox no passado. Aposto que essas empresas gostariam de ter mais pessoas 'do contra' no conselho. Essas pessoas teriam mais chances de ver que os CDs, vídeos, fitas cassete ou qualquer outra mídia que suas empresas costumavam vender ou alugar não durariam muito porque o streaming teria muito mais apelo para os consumidores". Muitos membros do conselho e muitos líderes da alta administração simplesmente não conseguiram enxergar o que estava por vir.

Com esses desastres em mente, faça o possível, ao definir os planos, para adiantar-se aos primeiros sinais de fracasso. Essa visão orientada ao futuro pode ajudá-lo a escolher as estratégias que a empresa tem mais capacidade de executar em longo prazo. Acontece muito de as perguntas mais simples serem as que instigam as pessoas a dar uma guinada em sua forma de pensar. Uma determinada linha de ação pode parecer a melhor escolha. Mas, considerando os riscos, tente encontrar os pontos fracos desse plano — os fatores que fariam do plano a pior escolha possível.

Encoraje a administração a considerar todas as possibilidades estratégicas e pensar em termos de geração de opções, não apenas de uma única resposta. Essa abordagem muda tudo. Quando você analisa opções, deixa espaço para o debate. Com isso você permite que os membros do conselho se envolvam em uma discussão aberta e contribuam com seus diferentes pontos de vista.

Contestar suas próprias ideias também pode ajudá-lo a eliminar o viés de confirmação e identificar falhas na sua lógica. Tendemos a achar que somos imparciais. Mas normalmente não é o caso. Gastamos muita energia intelectual procurando argumentos para confirmar nossa premissa, seja para fechar um negócio ou provar os benefícios de uma nova estratégia. Ter uma pessoa imparcial contribuindo com um novo olhar para uma ideia pode revelar não apenas seus benefícios, mas também as alternativas e os riscos.

Esse tipo de engajamento ajuda a criar uma estratégia com muito mais eficácia do que simplesmente apresentar um plano. No fim das contas, é melhor para a administração que o conselho seja um parceiro, não um mero aprovador. A prática de considerar todas as opções estratégicas deve ser aplicada a todas as iniciativas competitivas, desde lançamentos de produtos até fusões e aquisições.

Destas, as mais preocupantes — por serem de maior alcance e geralmente as mais dispendiosas — são as fusões e aquisições. Sempre que a empresa estiver planejando uma fusão, o conselho deve propor a apresentação de um ponto de vista contrário. Brian Rogers, ex-presidente do conselho da T. Rowe Price e membro do conselho da United Technologies, ajudou a United Technologies nesse processo quando a empresa estava cogitando comprar a Rockwell Collins.

Além de questionar os fundamentos econômicos e estratégicos do acordo, o conselho fez questão de perguntar se a empresa tem o talento organizacional necessário para executá-lo com sucesso. Rogers explica: "A ideia foi contestar a estratégia da administração e a lógica econômica de uma transação hipotética. Então trouxemos o que eu chamo de 'matador de acordos' para encontrar defeitos na aquisição da Rockwell Collins".

A premissa inicial para uma avaliação como essa é garantir que a empresa não se meta a consertar algo que não está quebrado. Se a sua empresa tem um bom desempenho e uma boa cultura, para que fazer uma aquisição? Qual seria um preço justo e um preço que os investidores aceitariam? Qual seria um preço que prejudicaria os acionistas? Rogers acrescenta: "Acho que aquela foi a primeira vez que trouxemos alguém para avaliar, com um olhar crítico, a lógica da proposta, as questões organizacionais e o preço. É uma prática que faz muito sentido". A United Technologies concluiu a aquisição em 2018.

Uma variação do tema do "matador de acordos" é o "debate pré-fusão". O conceito não é novo, mas nem sempre é bem aplicado. Por exemplo, muitas empresas que planejam fazer uma aquisição trazem dois bancos de investimento para apresentar como eles estruturariam um acordo. O banco que oferecer o melhor pacote é contratado. O problema é que o banco só recebe se a empresa for em frente com a aquisição, o que incentiva os dois bancos a argumentar em prol do acordo, mesmo se não beneficiar a empresa.

Warren Buffett, presidente do conselho da Berkshire Hathaway, virou o processo de cabeça para baixo. Ele conta que uma de suas empresas teve uma série de fracassos em fusões e aquisições, mas seu negócio essencial era tão bom que a empresa tinha fôlego e continuava insistindo. Então ele tomou medidas para proteger a empresa de seus piores impulsos. Ele orientou o conselho a trazer dois bancos de investimento, um para argumentar a favor do acordo e outro para argumentar contra. O que apresentasse os melhores argumentos e fizesse a recomendação aceita pelo conselho receberia um pagamento maior. Esse processo elimina o incentivo para que os dois bancos dourem a pílula do acordo.

Essa análise também pode ajudá-lo a tomar decisões sobre o que a empresa pode desinvestir tendo em vista o crescimento de longo prazo. Como parte de seu trabalho de supervisão, o conselho deve questionar continuamente a administração sobre o portfólio da empresa para garantir que ela está levando os produtos certos ao mercado. Raj Gupta, da Delphi Automotive, diz: "A complexidade é a inimiga do custo e da velocidade e sempre leva a uma alocação de capital abaixo do ideal. Se a empresa tiver um portfólio focado e uma boa posição de mercado, todos, desde os membros do conselho até os estagiários, saberão com clareza o que estamos tentando fazer em cada negócio". Mais de três mercados é demais. Simplificar e focar o portfólio deve fazer parte de uma importante discussão estratégica.

Conhecer seus pontos fortes pode ajudá-lo a fazer escolhas difíceis sobre o que e quando vender. A Rohm & Haas era famosa pela fabricação de acrílico e foi a primeira empresa a desenvolver um fungicida sintético. As duas linhas de produto eram lucrativas e faziam parte da herança da empresa. Mas eles estavam se transformando em commodities e a Rohm & Haas não era boa vendendo commodities. Então a empresa decidiu sair desses negócios. Apesar da alta rentabilidade, esses dois negócios eram pequenos e não fariam parte do futuro da empresa. A decisão gerou muita controvérsia, de acordo com Gupta, o CEO da Rohm & Haas na época. Mas ele diz que a mudança foi uma das melhores coisas que a empresa fez.

Uma aquisição estrategicamente correta

A aquisição certa, impulsionada pelo foco nos processos que possibilitam o crescimento de longo prazo, pode ajudar a transformar uma empresa tradicional em uma inovadora. Um dos exemplos mais famosos de uma empresa que fez uma metamorfose como essa com resultados extraordinários foi a Danaher.

A Danaher foi fundada em 1984 por Steven e Mitchell Rales como uma fabricante diversificada. Os irmãos adquiriram rapidamente mais de uma dúzia de empresas em uma variedade de negócios de ferramentas e instrumentação. Uma delas, a Jacobs Manufacturing, uma fabricante de sistemas de freios pneumáticos para caminhões (que ganhou o apelido de Jake's Brakes), não estava conseguindo melhorar sua margem de lucro. Como os irmãos Rales sabiam que a Toyota aumentava margens com maestria, eles enviaram uma equipe ao Japão para aprender como a Toyota conseguia realizar essa façanha.

O método da Toyota tem três partes: estabelecer um alto padrão de crescimento, com metas ambiciosas em toda a gama de operações da empresa; adotar as melhores práticas do setor e difundi-las por toda a corporação — não apenas para, digamos, a área de manufatura, mas também para a força de vendas; e cultivar uma cultura de melhoria contínua, nunca satisfeita com as margens atuais, mesmo se forem melhores que a média do setor. Raj Ratnakar, ex-diretor de estratégia da Danaher e atual diretor de estratégia da DuPont, conta: "Os irmãos me disseram: 'Raj, vamos ensiná-lo a ser ganancioso. Você nunca pode ficar satisfeito'. É uma habilidade, uma arte e um princípio cultural".

Em 2015, a Danaher fez sua grande guinada. Ao longo dos anos, a empresa incluiu negócios de biociência a seu portfólio de fabricação. A Danaher decidiu desmembrar suas unidades industriais tradicionais e redirecionar a empresa para sistemas biofarmacêuticos. Como parte dessa mudança, a Danaher voltou sua atenção para a Pall, uma empresa de filtragem. A filtração é um processo crucial na fabricação de medicamentos biológicos, mas a filtração biofarmacêutica representava apenas 30% das receitas da Pall. Desse modo, a aquisição da Pall implicaria pagar um prêmio enorme sobre o valor da parte do negócio que a empresa realmente queria – como comprar uma casa para poder usar a piscina.

A decisão recaiu sobre o CEO Tom Joyce e o conselho. Quando Joyce considera uma aquisição, ele não faz um "debate pré-fusão" como Buffett. A abordagem dele é atuar como um opositor ferrenho e forçar os apoiadores do acordo a convencê-lo a aceitar a ideia. "Nessas horas ele é o mais rabugento", diz Ratnakar. "Ele não topa investir nenhum centavo antes de você provar por A mais B que a aquisição vai valer a pena." Ele chega a ligar para colegas do setor no meio de uma reunião para consultá-los sobre as ideias que a equipe está apresentando.

O conselho também é extremamente focado, exigindo que a administração tome a decisão certa da mesma maneira que uma empresa de private equity faria. Para ajudar Danaher a reagir rapidamente, o conselho faz questão de minimizar a burocracia sempre que a empresa faz uma aquisição. Nas reuniões, o conselho exige dados. "A empresa não tem tempo para gentilezas", diz Ratnakar. "Se você chegar com um PowerPoint cheio de gráficos e imagens bonitas, vai ser trucidado. Mas, por outro lado, o debate com certeza vai ser proveitoso. Você dá um duro danado e sai suando da reunião."

Ao contrário da maioria das empresas de private equity, a Danaher pensa em longo prazo, oferecendo o melhor dos dois mundos: foco e tempo. Sempre que você paga o preço mais alto por um ativo, corre o risco de dar de cara com o chão. Por isso, para avaliar a aquisição da Pall, Ratnakar e sua equipe fizeram uma profunda análise do mercado, não se restringindo a uma visão estática do setor na ocasião, mas usando ferramentas analíticas que lhes permitiram mapear o cenário do mercado para prever as tendências futuras.

Com base nessa análise, a equipe convenceu o conselho de que a Pall ajudaria a Danaher a se tornar um player importante no setor de sistemas biofarmacêuticos e que a aquisição valeria a pena apesar do preço alto. O negócio foi fechado em 2015 por US$ 13,8 bilhões. A aquisição acabou sendo crucial para a transformação da Danaher e para seu crescimento de longo prazo. Nos cinco anos entre outubro de 2015 e outubro de 2020, o preço das ações da empresa triplicou. E, nos últimos trinta anos, a Danaher obteve o maior retorno em comparação com qualquer empresa de manufatura diversificada, exceto a Roper, mostrando que, quando os conselhos se dispõem a seguir os preceitos do novo TSR, o retorno total das empresas pode ser espetacular.

Iniciativas estratégicas

As aquisições não são as únicas decisões que requerem um foco estratégico claro. Por exemplo, você pode aplicar a abordagem de Buffett a qualquer grande iniciativa estratégica usando um processo de avaliação conhecido como "equipe vermelha" para analisar os riscos e as vulnerabilidades. Maria Erdoes, da J.P. Morgan Asset & Wealth Management, também aplica o modelo em análises de novos produtos. De um lado da mesa, ela coloca os defensores de um novo produto (a equipe azul). Do outro lado ficam os oponentes, encarregados de expor todas as razões pelas quais o produto não terá sucesso (a equipe vermelha) — por exemplo, não é o momento certo ou o público certo. Ao encorajar o uso de equipes vermelhas e azuis para debater os méritos de uma proposta, o conselho pode ajudar a empresa a revolucionar seu modelo para o futuro.

Sempre que você estiver considerando uma mudança importante de qualquer tipo, recomendamos fazer um debate entre a estratégia e sua contramedida direta — duas opções estratégicas viáveis, porém mutuamente excludentes. A administração pode gerar as opções e discuti-las com o conselho. E o conselho pode pedir a um terceiro para explicar qual das estratégias seria mais recomendada com base em informações externas.

Algumas das melhores empresas obtêm essas informações dos concorrentes. Durante sua viagem de três meses, Turner, da WSFS, visitou fintechs do Vale do Silício que tentavam revolucionar o setor de serviços financeiros. Só que, devido ao rigor da regulamentação do setor bancário, esses players não tinham como causar a disrupção desejada no que os bancos tradicionais faziam. Essa barreira representava uma oportunidade. Turner diz: "Vi que eles seriam bons parceiros em longo prazo. Os dois lados tinham pontos fortes que se complementavam. Os bancos tinham muitos clientes. Tínhamos uma marca forte, contávamos com a confiança dos clientes, conhecíamos profundamente as leis. Eles tinham talentos mais jovens, mais agressivos e muitas ideias novas. Eles não tinham as limitações de mentalidades obsoletas e sistemas legados".

Até então, a WSFS havia crescido por meio de pequenas aquisições no mesmo setor. Quando Turner chegou de sua viagem, a empresa usou o que aprendeu para fazer a maior aquisição de sua história, o Beneficial Bank, que dobrou o tamanho da empresa e a ajudou a se expandir para serviços digitais, dando-lhe uma forte presença em bancos digitais. A WSFS viu a assimilação do Beneficial não apenas como um exercício tradicional de corte de custos — como eliminar despesas redundantes enquanto mantém todos os clientes —, mas também como uma oportunidade de transformar a empresa.

Avaliação de desempenho da estratégia

Para garantir que a estratégia está no caminho certo em direção ao atingimento de seus objetivos de longo prazo, os conselhos devem avaliar continuamente o desempenho. E essa avaliação contínua é especialmente importante no caso de grandes iniciativas. Por exemplo, depois de qualquer aquisição, o conselho deve realizar uma análise *post-mortem*. Warren Buffett diz: "Atuei no conselho de uma empresa que tinha feito umas oito aquisições, sendo que nenhuma delas deu certo, e mesmo assim eles mal podiam esperar para fazer a próxima. Sugeri fazermos uma análise *post-mortem* — uma autópsia — de cada aquisição dois ou três anos depois para ver com objetividade — sem julgar nem criticar — o que realmente aconteceu".

Se uma fusão não teve os resultados esperados, descubra as razões e aplique as lições da próxima vez. Pelo menos uma vez por ano, muitos conselhos nos quais Michele Hooper, do Directors' Council, atua analisam cada fusão e aquisição feita nos últimos três anos e reavaliam a premissa do pedido de capital e o plano estratégico de cada transação. Ao rever os problemas que surgiram no processo, as melhores empresas podem dominar a arte de fazer aquisições.

Aplique o mesmo processo em outras grandes iniciativas. Depois de um tempo, analise se os fatores econômicos de uma decisão estratégica se pagaram. O conselho deve avaliar se uma iniciativa atingiu seus objetivos financeiros, se as sinergias esperadas se concretizaram, se a empresa manteve seus clientes — em outras palavras, se a empresa realizou estrategicamente o que se propôs a fazer. Se uma empreitada sair dos trilhos, a questão é se você tem como voltar aos trilhos seguindo o plano original ou se vai acabar se arrependendo da decisão. Neste último caso, o conselho deve descobrir o que deu errado e por que — por exemplo, a empresa foi ambiciosa demais e deixou de tomar medidas intermediárias importantes ou demorou para avançar?

Os conselhos devem ser ousados e sondar a administração em busca de anomalias no desempenho estratégico. Não tenha medo de perguntar por quê. Os impulsionadores do desempenho — bom ou ruim — nem sempre são claros. Ron O'Hanley, da State Street, diz: "Olhando para trás agora, sabendo de tudo o que foi divulgado sobre a Wells Fargo, parece que o conselho deixou de ver alguns sinais de alerta. Demitir cinco mil pessoas por um motivo qualquer me causaria estranheza e eu iria querer saber por que".

Os conselhos também devem questionar as notícias positivas. Depois de um, dois ou três anos decepcionantes, os conselhos precisam ser disciplinados e investigar se as coisas não estão indo bem demais para ser verdade. Na raiz dessa ideia está a importância de conhecer a base da força ou da fraqueza de uma empresa. Os melhores conselhos questionam a administração sobre a vantagem competitiva da empresa. Eles perguntam o que a administração planeja fazer se a empresa perder a vantagem ou se um disruptor como a Amazon ou o Google entrar no jogo.

Durante todo o processo, lembre-se de que o conselho existe para supervisionar a empresa, não para administrá-la. O conselho deve encontrar o equilíbrio certo no nível e na profundidade de sua supervisão estratégica. Coisas podem dar errado, como uma estratégia excelente, porém mal executada. Essa possibilidade apresenta ao conselho o dilema de decidir onde a governança termina e a gestão começa. Como diz o ex-CEO da Vanguard, Jack Brennan: "A diferença entre os dois deve ser muito grande. É um problema quando um membro do conselho confunde uma coisa com a outra".

Uma estratégia para todas as partes interessadas

A sustentabilidade da atividade econômica global tem grandes chances de ser a questão que vai definir a próxima geração. Por isso, as diversas iniciativas que abrangem a responsabilidade social corporativa passaram de atividades filantrópicas para atividades essenciais.

Os acionistas ocupam um nicho híbrido no ecossistema empresarial. Eles são compradores — clientes — que podem ter confiado o dinheiro de sua aposentadoria e tudo o que pouparam durante vida aos cuidados de uma empresa de gestão de investimentos. Mas, como nós três costumamos dizer, bem como muitas das pessoas que entrevistamos para este livro, os acionistas também são proprietários da empresa. Desse modo, eles também têm uma parcela da responsabilidade ética pelas consequências das atividades econômicas que resultam em seus lucros. E, como a propriedade é diluída entre muitos acionistas, sendo que nenhum deles tem controle direto sobre as decisões da administração, cabe ao conselho garantir que as responsabilidades éticas dos acionistas sejam cumpridas.

E essas responsabilidades são claras. Qualquer discussão sobre a sustentabilidade deve considerar o valor para o acionista em comparação com os benefícios para a sociedade como um todo. O presente momento altera essa relação em suas bases. Até agora, até dava para argumentar que maximizar o valor para o acionista era, no fim das contas, do interesse público, porque um aumento do valor beneficiaria diretamente os acionistas e poderia beneficiar todas as outras pessoas por meio de quaisquer mecanismos de redistribuição que um governo escolhesse implementar.

Os crescentes problemas climáticos estão mudando essa equação. Pela primeira vez, temos evidências mensuráveis e acionáveis de que uma meta focada na aceleração da atividade econômica pode não contribuir para o bem da sociedade e pode até levar a uma catástrofe. A humanidade não tem se provado uma boa administradora dos recursos do planeta. E agora estamos sendo forçados a pagar o preço dos nossos erros do passado. Essa responsabilidade está nas mãos tanto das empresas quanto dos acionistas.

Como resultado, algumas empresas de investimento, incluindo a BlackRock, a maior administradora de fundos do mundo, estão retirando empresas de combustíveis fósseis de seus fundos ativamente negociados. A BlackRock diz que está fazendo isso para defender os interesses da sociedade, mas o CEO Larry Fink disse que uma decisão anterior de se desfazer de ações de fabricantes de armas beneficiou os resultados financeiros da empresa.

Por que será que isso acontece? Se as empresas que adotam metas de sustentabilidade atraem mais talentos e investidores da geração dos millennials, se todos os outros fatores permanecerem inalterados, essas empresas deverão conquistar uma vantagem competitiva em comparação com as concorrentes que não adotarem essas metas. Os administradores de fundos que excluem a última categoria de empresas de seus fundos também terão um apelo maior para seus investidores.

As empresas ainda precisam entregar resultados em relação aos concorrentes. Você pode não ter os melhores retornos, mas não pode ter os piores. A ex-CEO da Xerox Anne Mulcahy diz: "Uma empresa tem a responsabilidade de entregar aos acionistas um retorno justo. Mas a sustentabilidade é um dos pilares da responsabilidade corporativa. Essas métricas não devem ser vistas como um uso indevido dos retornos financeiros dos negócios. Eu realmente acredito que as melhores empresas cultivam esses valores".

Essas ponderações são especialmente relevantes nos dias de hoje. A questão de implementar ou não iniciativas de sustentabilidade — com empresas de energia, incluindo a BP, se comprometendo em cumprir as metas de carbono zero e empresas de serviços financeiros tomando decisões de desinvestimento — inevitavelmente envolverá mais do que o efeito dessas iniciativas nos resultados financeiros.

Cada vez mais, as empresas estão deixando de olhar para as medidas de sustentabilidade como um ato de caridade. Shelly Lazarus, ex-CEO da Ogilvy & Mather, diz:

> No começo, essas ações entravam na categoria da filantropia, para o bem da sociedade, para mostrar que estávamos cumprindo nossas obrigações como bons cidadãos corporativos. Agora que todos os stakeholders de qualquer empresa estão começando a ver a importância dessas ações, as melhores empresas já as incorporaram em seus planos. Se você for orientado ao mercado, sabe que o mercado já está se manifestando sobre a importância desse tipo de coisa — como você trata seus recursos, como você interage com a comunidade, se você tem uma visão de longo prazo sobre seu impacto na sociedade.

Na verdade, o planejamento de longo prazo e as medidas de sustentabilidade se reforçam mutuamente. O planejamento de longo prazo é uma condição necessária para as iniciativas de sustentabilidade, que é, pela própria natureza, uma questão de longo prazo. Mas o inverso também é verdadeiro. A sustentabilidade pode ser um imperativo com o potencial de derrubar a mentalidade de curto prazo — a lógica que justifica olhar além das metas de curto prazo, como elevar o preço das ações a qualquer custo.

As empresas também combatem as mudanças climáticas preocupadas com possíveis catástrofes em seus negócios. O melhor exemplo é o que a Coca-Cola faria se acabasse a água do mundo. A questão é tão importante para a empresa que é discutida no nível do conselho. A Coca-Cola está criando programas destinados a promover um ciclo sustentável de água. É verdade que, para o bem da sociedade como um todo, a sustentabilidade não pode deixar de ser considerada em todas as decisões estratégicas, mas, nesse caso, a existência da empresa também depende de um abastecimento de água adequado no futuro. Se todos nós continuarmos seguindo na direção atual, podemos estar nos aproximando de uma calamidade.

Desse modo, há um vínculo inextricável entre os interesses de seus clientes, de seus funcionários e da sociedade e a criação de valor de longo prazo. A verdadeira dicotomia não é entre o capitalismo de stakeholders e o capitalismo de acionistas. Acreditamos que não precisa haver uma diferença entre os dois quando você pensa em longo prazo. Em outras palavras, cuidar dos stakeholders pode resultar em mais valor para o acionista no futuro.

Essa noção tem o apoio de alguns investidores ativistas. Jeffrey Ubben, fundador do fundo de hedge ValueAct Capital e de um novo fundo de hedge, a Inclusive Capital Partners, diz: "A sustentabilidade é uma solução para combater a miopia do curto prazo". Ele recomenda mudar a remuneração do CEO para mandatos de pelo menos cinco anos porque "você precisa proteger o CEO e permitir que ele converse com o conselho sobre a sustentabilidade como uma forma de combater a visão míope de curto prazo".

Mas Ubben não achava que as empresas de investimento tradicionais estavam fazendo o suficiente para sustentar a criação de valor de longo prazo. Em 2020, ele cofundou a Inclusive Capital Partners para focar investimentos de impacto ambiental e social como uma maneira de aumentar o valor em corporações tradicionais, dizendo a um jornal que ele teria de encontrar novos acionistas que desejam focar o longo prazo e expressando dúvidas de que as empresas de investimentos sejam capazes de fazer um bom trabalho na gestão de fundos tanto tradicionais quanto de impacto.

Mas, no fim das contas, é impossível medir os retornos financeiros de longo prazo das iniciativas de sustentabilidade. Dan Riff, da Advantage Solutions, diz: "A ideia de pedir ao Walmart para estimar o retorno de seu investimento em enviar alimentos para ajudar as pessoas de Houston ou da Flórida depois da passagem de furacões parece incompatível com o espírito no qual esses investimentos foram feitos. Esse tipo de ação sempre acaba se refletindo no desempenho de três e cinco anos da empresa, mas é complicado pressionar as empresas a medir com precisão os retornos de investimentos individuais nessas áreas e devo dizer que não sou um defensor".

A ideia é que, embora as medidas de sustentabilidade tendam a favorecer os resultados financeiros, elas não devem ser descartadas se isso não acontecer. Os conselhos de administração não devem se iludir: agir para o bem da sociedade pode ser um investimento sem retornos financeiros diretos. Mas tanto funcionários quanto investidores têm o poder de afetar o futuro da empresa ao decidir sobre o tipo de empresa na qual desejam trabalhar e investir. Essas questões, por sua vez, estão forçando as empresas a decidir qual tipo de organização elas desejam ser. E, como uma empresa depende de seus talentos, essas mesmas questões também estão forçando gestores e membros do conselho a decidir que tipo de pessoas eles desejam ser.

Se você não estiver convencido de que as medidas de sustentabilidade ajudarão a aumentar o retorno total ao acionista de sua empresa ou se estiver pensando em atrair stakeholders com medidas que não passam de *greenwashing* — um tipo de maquiagem para criar uma falsa aparência de sustentabilidade a baixo custo —, considere o argumento bíblico. Temos a obrigação moral de apoiar iniciativas para combater as mudanças climáticas, mesmo se elas custarem dinheiro — e, se ignorarmos essa obrigação moral, estaremos destinados ao apocalipse. Não estamos nos referindo apenas ao apocalipse que pode acabar com o mundo se não atingirmos o carbono zero até 2050, como prevê o Acordo de Paris, mas ao apocalipse legislativo que pode ocorrer antes disso.

Para os jovens de hoje, o mundo é extremamente frágil, e essa fragilidade está longe de ser teórica. Em 2050, a maioria das pessoas que escreveram neste livro não estará mais em atividade; a ativista ambiental Greta Thunberg e sua geração estarão entrando na meia-idade. Para esses jovens, a pandemia do coronavírus tem sido uma espécie de ensaio geral do que está por vir, a calamidade que comprova seus argumentos e mostra que vai ser preciso suar muito a camisa para evitar o desastre, mas que a catástrofe ainda pode ser evitada.

Pense na rapidez com que o mundo reagiu à pandemia — fechando teatros, museus, cinemas e restaurantes, escolas e locais de trabalho; fechando fronteiras; fazendo lockdowns —, tudo em questão de semanas. Vimos a rapidez na qual pessoas e governos ao redor do mundo são capazes de agir quando enfrentam um problema com um grande senso de urgência. Podemos esperar que grandes parcelas da sociedade tratem as mudanças climáticas com a mesma urgência — dizendo que 2050 é tempo demais para esperar e que precisamos fazer mais e mais rápido.

Nossa recomendação para as empresas é sair na frente. Toda empresa de capital aberto deve se comprometer a realizar ações imediatas, significativas e verificáveis para atingir o carbono zero até 2050. E toda empresa de capital aberto deve apoiar leis que exigem que todos tomem esse tipo de ação para que os primeiros a agir não sejam penalizados.

Com isso, você estará alinhando a mentalidade, a visão e os objetivos estratégicos de sua empresa com os interesses de seus acionistas de prazo mais longo, que vão muito além do mandato dos membros do conselho, do CEO ou do sucessor do CEO. Imagine os funcionários de 25 anos que investiram em ações da empresa esperando se aposentar em quarenta anos. Você tem a responsabilidade moral e ética de cuidar do patrimônio deles. Não deixe de levá-los em conta ao definir o horizonte de tempo para o planejamento da sua empresa.

Em longo prazo, esse investimento todo se pagará.

CHECKLIST PARA GERENCIAR A ESTRATÉGIA

- Crie um painel de métricas para monitorar os *milestones* das iniciativas que geram valor de longo prazo.
- Use as discussões do conselho sobre a estratégia para vincular os planos de curto prazo com os de longo prazo.
- Use os membros do conselho com experiência específica para criar seu modelo de crescimento de longo prazo.
- Tire os gestores do escritório para manter-se a par das novas tendências em seus negócios.
- Encoraje o CEO a identificar e investir em tecnologias disruptivas e empresas emergentes.
- Ao considerar uma fusão ou uma grande iniciativa estratégica, traga alguém para apresentar um ponto de vista oposto ou promova um debate entre equipes a favor e contra.
- Faça uma análise *post-mortem* todos os anos para verificar se as fusões entregaram o desempenho esperado.
- Analise periodicamente quais negócios estão se beneficiando dos pontos fortes das empresas e buscando atingir seus objetivos de longo prazo para ajudar a tomar decisões difíceis sobre em que desinvestir.
- Sonde a administração em busca de anomalias no desempenho estratégico, tanto positivas quanto negativas.
- Considere as necessidades de todos os stakeholders como uma forma de ajudar a gerar retorno aos acionistas no longo prazo.

Capítulo 3
GESTÃO DE RISCOS

A grande recessão. O desastre da Boeing. A Covid-19. Os sistemas de alerta antecipado das corporações americanas falharam nos últimos anos, não apenas porque as empresas deixaram de prever eventos desastrosos, mas também por não estarem preparadas para agir diante de riscos desconhecidos. Elas também não estavam preparadas para gerenciar as oportunidades de longo prazo que o risco pode apresentar.

O risco é o terceiro pilar do novo TSR, que os conselhos usam para avaliar a estratégia. Mudar a maneira como pensam sobre o risco é uma das responsabilidades essenciais dos conselhos para direcionar as empresas tendo em vista o longo prazo. A abordagem tradicional dos conselhos costumava se concentrar no risco financeiro para minimizar as chances de perda. Em uma época na qual grandes e perigosas ameaças podem chegar a qualquer momento, a mitigação desse tipo de risco pode ser a responsabilidade mais importante do conselho. Mas o principal objetivo do novo TSR é a criação de valor futuro. Esse objetivo requer que os conselhos repensem sua noção de risco.

Os conselhos que adotam o novo TSR precisarão enfrentar duas facetas diferentes, porém relacionadas, do risco. O conselho deve se planejar para a possibilidade de eventos que resultem em calamidades, ou seja, um risco com o potencial de ser fatal. Alguns desses riscos são conhecidos, mas não temos como aferir sua probabilidade, como uma invasão de hackers; por outro lado, podemos ter uma ideia de como prevenir ou mitigar esses riscos. Outros riscos podem surgir do nada, como a Covid-19, nos deixando totalmente perdidos, sem saber o que fazer.

Ao mesmo tempo, um fator importante para gerenciar o risco — para saber como monitorar o risco e tomar decisões a respeito — é o apetite do conselho ao risco. Essa faceta do risco representa o potencial

Figura 3-1

O novo TSR: risco

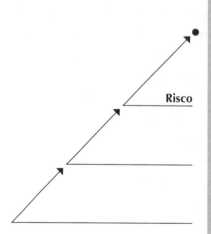

Transforme o risco de *compliance* em risco de oportunidade
Tome as decisões informadas necessárias para garantir o crescimento em longo prazo.

Conduza auditorias regulares de gestão de riscos empresariais (ERM)
Analise semestralmente o risco operacional e o risco à reputação.

Prepare-se para o desconhecido
Crie planos de mitigação, inclusive para possibilidades remotas.

Equilibre o risco
Não deixe de coletar todos os dados antes de fazer uma grande aposta.

Adiante-se a ataques de hackers
Incentive os funcionários a encontrar falhas no sistema.

Proteja os 2% dos executivos mais cruciais
Use estratégias criativas de retenção.

Faça as quatro perguntas de Buffett
Use auditores para atuar no mesmo nível que a concorrência.

de crescimento. Um negócio envolve muito mais do que ganhar dinheiro com as operações. Qualquer negócio envolve riscos. O risco representa uma oportunidade de fazer as apostas inteligentes e embasadas que são necessárias para o crescimento em longo prazo. As empresas precisam ser capazes de gerenciar esse risco para beneficiar-se dessas oportunidades em todas as circunstâncias.

É impossível prever o imprevisível. Mas podemos lhe mostrar os mecanismos que você pode implementar para proteger sua empresa de uma ameaça imprevista. E podemos ajudá-lo a decidir qual nível de risco vale a pena aceitar para que sua empresa possa sobreviver e prosperar em longo prazo. (Veja a Figura 3-1.)

Riscos imediatos

O espectro de risco — suas origens, impacto, causas e ameaças — não para de se expandir. Alguns riscos abrangem a empresa toda; alguns afetam linhas de negócios específicas. Os riscos podem surgir dentro ou fora da empresa. Mostraremos como as melhores empresas reagem a riscos provenientes de todas as origens.

O conselho deve definir anualmente as prioridades para lidar com os riscos mais imediatos enfrentados pela empresa. Dos riscos emergentes que estão ameaçando a capacidade de alcançar o crescimento em longo prazo, os mais prementes são:

> **Risco macroeconômico e geopolítico.** A tendência a se isolar, adotando uma postura mais protecionista, é concreta. Trump e o Brexit foram os dois casos mais claros nos últimos anos, mas os conselhos não podem deixar de levar em conta a probabilidade de a globalização estar em um movimento de recuo, para o bem ou para o mal.
>
> **Risco de segurança de TI.** O risco não se restringe ao vazamento de informações confidenciais. A empresa corre o risco de perder a fidelidade

Gestão de riscos   97

do cliente — talvez até para sempre. São raros os membros do conselho que entendem as vulnerabilidades ou que sabem como proteger a empresa de ataques de hackers.

Risco do ativismo. A tensão entre as estratégias de longo e de curto prazo nunca foi tão grande. As empresas estão entre a cruz e a espada: entre a ameaça à integração da empresa imposta por ativistas de curto prazo e a pressão constante sobre a administração exercida por ativistas de longo prazo.

Risco imposto por atores individuais. Assédio sexual, roubo financeiro ou de tecnologia, fraudes — indivíduos mal-intencionados podem causar bilhões em perdas para as empresas na forma de multas e clientes perdidos, como aconteceu com a Volkswagen depois do escândalo das emissões de diesel e com a Wells Fargo e a Boeing, que enfrentaram danos de longo prazo à reputação, aos valores e aos princípios da empresa.

Risco da cadeia de suprimentos. Muitas empresas estenderam ao máximo o conceito da entrega *just in time* para conter os custos de manter estoques e agilizar a resposta à demanda. Como estamos vendo com a pandemia do coronavírus, as empresas não podem mais depender do acesso ininterrupto a seus fornecedores.

Vejamos como lidar com esses riscos.

Você tem os recursos necessários para sobreviver?

A pandemia expôs o que todas as empresas já deveriam saber: para garantir suas perspectivas de longo prazo, a empresa deve ter de prontidão um plano para o pior cenário possível. Quanto mais liquidez sua empresa tiver, mais opções você terá para sobreviver a uma crise. As empresas que mantêm balanços patrimoniais responsáveis — às vezes para o desgosto dos investidores de curto prazo — estão mais bem posicionadas para sobreviver e prosperar. Como diz o CEO da Korn Ferry, Gary Burnison, "Hoje em dia, os piores cenários devem ser considerados como circunstâncias rotineiras".

Para garantir sua sobrevivência em longo prazo, as empresas devem estar preparadas para eliminar todas as despesas desnecessárias e rejustificar todas as outras. O ex-CEO da Con-way, Doug Stotlar, membro do conselho da AECOM, da LSC Communications e da Reliance Steel & Aluminum, diz que as medidas que as empresas precisam considerar incluem uma revisão de todos os gastos de capital planejados; o saque de linhas de crédito para criar uma conta em quarentena com vistas a garantir uma liquidez emergencial; reduções temporárias de 10% a 20% nos salários da alta administração, dependendo do tempo de casa, com reduções comparáveis para os membros do conselho; e o equilíbrio dos ciclos das contas a receber com as contas a pagar.

Muitos conselhos encorajam a administração a estreitar a colaboração com os bancos. Todos os itens devem ser avaliados, inclusive estratégias de dívida e opções de financiamento e refinanciamento. Concentre todos os seus planos na preservação de caixa.

Ter a expertise certa no conselho o ajudará a reagir com mais rapidez. O diretor-presidente da Estée Lauder, Irv Hockaday, que atuou como conselheiro independente líder da Ford durante a crise financeira, credita John Thornton, um membro do conselho da Ford e ex-co-CEO da Goldman Sachs, por ter sido fundamental para a sobrevivência da Ford durante a crise de liquidez da empresa devido à reputação de Thornton na comunidade bancária. Se você quiser se proteger em longo prazo enquanto navega pelas novas realidades corporativas, não deixe de ter no conselho alguém que imponha respeito no mundo financeiro.

Risco de talento

Se uma empresa é seu pessoal, ela deve tratar o risco de perder talentos como um importante fator definidor de sua capacidade de atingir suas metas de longo prazo. Ao se planejar para esse risco, o conselho deve escolher entre duas estratégias diferentes. A primeira é evitar o risco investindo mais para minimizar a saída de talentos. Para fazer isso, você deve calcular a quantia necessária para investir em bônus de retenção para funcionários essenciais, visando a preservar seu pool de talentos por um determinado número de anos. A segunda estratégia é aceitar o risco. Você reconhece que um determinado número de funcionários essenciais pode sair da empresa na ausência de incentivos especiais e usa o dinheiro extra para investir em outras iniciativas na esperança de compensar essa perda de talentos.

O papel do conselho nessa decisão é garantir que a administração reúna as informações necessárias para decidir a abordagem apropriada. Em outras palavras, a administração deve demonstrar a quantia que a empresa precisaria investir para reduzir a perda de talentos em comparação com o valor de longo prazo que a empresa poderia gerar investindo essa mesma quantia em outro lugar, sabendo que a perda de talentos tem implicações claras para a geração de valor de longo prazo. Roger Ferguson, CEO da TIAA, argumenta que os conselhos devem expandir sua concepção de risco para além das questões tradicionais de auditoria e liquidez. Ele diz: "Quanto mais o conselho souber sobre talentos, estratégia e cultura, mais a empresa vai poder mitigar os riscos e usar o risco como uma oportunidade".

Essa discussão é essencial na era pós-pandemia porque a continuidade da liderança durante uma crise é vital para qualquer empresa. Ron Williams, ex-CEO da Aetna e membro do conselho da Johnson & Johnson, American Express e Boeing, nos lembra que as empresas precisam de um plano de sucessão emergencial para todos os principais executivos, não apenas para o CEO e o diretor financeiro. Com efeito, para posicionar sua empresa para o longo prazo, você deve tomar medidas para identificar e proteger as pessoas responsáveis pelas capacidades cruciais da organização.

Uma regra prática que gostamos de usar é que 2% das pessoas de uma empresa são responsáveis por gerenciar 98% de seu valor. Para as empresas que fabricam bens tangíveis, as fontes de abastecimento e as instalações de fabricação são capacidades cruciais. Tim Richmond, vice-presidente executivo e diretor de recursos humanos da fabricante farmacêutica AbbVie, diz: "Diferentes níveis de capacidade criam diferentes níveis de risco. Identificá-los e separá-los nos ajuda a alocar melhor os recursos".

Para reduzir o risco de perder pessoas cruciais, o conselho deve conhecer os riscos associados a cada uma das capacidades cruciais da empresa. Richmond observa, por exemplo, que, para as empresas farmacêuticas, obter acesso ao mercado para cada medicamento é uma tarefa crucial, envolvendo negociações com governos para que a empresa possa lançar seus produtos. Ele diz: "Os membros do conselho que não atuam na indústria farmacêutica não têm como saber disso. Os conselhos devem dedicar um tempo para conhecer as características especiais da empresa que serão fatores diferenciadores entre ser uma empresa boa e uma empresa espetacular ou até uma empresa viável". Mais especificamente no nosso caso, quem é o responsável por realizar essas tarefas? Se o conselho ignorar esses fatores, a empresa corre o risco de perder talentos para o mercado.

As fusões também apresentam um risco para os talentos que poucas empresas consideram além dos acordos de retenção de curto prazo para os altos executivos. Só que a profundidade dos talentos da empresa que você está comprando será um fator crucial no sucesso de longo prazo da organização como um todo.

Desse modo, os conselhos devem exigir uma auditoria de capital humano antes de qualquer fusão. As empresas normalmente examinam criteriosamente a dívida e o balanço patrimonial de uma empresa que estão pensando em adquirir, fazem um detalhado escrutínio jurídico para identificar questões pendentes e realizam uma análise estratégica de risco para garantir que tudo se encaixa. Mas pouquíssimas empresas avaliam a qualidade de toda a equipe administrativa e a probabilidade de a equipe permanecer intacta depois que o negócio for fechado.

Por exemplo, a maioria dos líderes não permanece muito tempo na empresa depois de uma fusão. As disposições de controle mudam, permitindo que os líderes enriqueçam rapidamente e caiam fora. O antigo CEO não raro fica se sentindo de mãos atadas e impotente por ter que se reportar ao novo. E a empresa adquirida tem um incentivo para dispensar a equipe antiga porque o comprador quer reduzir os custos. Portanto, antes de fechar um negócio, faça uma auditoria das 25 melhores pessoas para ter uma noção de quantas ficarão e ter uma ideia clara do que a empresa realmente está adquirindo. As empresas costumam fazer essas auditorias só depois de fechar o acordo de fusão, quando já é tarde demais.

Risco estratégico

Gerenciar a estratégia envolve o mesmo *trade-off* entre evitar o risco e aceitar o risco. A aceitação do risco fica mais clara em termos de métricas financeiras — quanta liquidez é mantida, qual é a relação entre dívida e capital, qual é a duração dos títulos. Nas instituições financeiras, essas métricas são muito bem regulamentadas e controladas. O Federal Reserve, por exemplo, dita os níveis necessários de capital disponível. As instituições financeiras também criam oportunidades de ganhar dinheiro por meio da arbitragem de risco, mas as atividades nessa esfera também são regulamentadas.

Nas instituições não financeiras, as decisões sobre oportunidades de risco estratégico são da alçada do conselho, sendo que na prática é o mercado que fornece uma regulação do risco, por exemplo, por meio da emissão de títulos de segunda linha (*junk bonds*). As empresas também aceitam o risco por meio de atividades de fusões e aquisições, nas quais um CEO pode fazer uma oferta final e expressar a decisão de não ir além e o conselho pode invalidar a decisão e dar carta branca para aumentar o lance.

Um bom exemplo disso é a Catalent, uma empresa de serviços farmacêuticos de US$ 3,1 bilhões. Em 2017, depois que o CEO John Chiminski e o conselho se decidiram por uma estratégia de crescimento mais agressiva, Chiminski começou a buscar aquisições que posicionariam a empresa em segmentos de mercado de crescimento mais rápido. Ele encontrou a Cook Pharmica, uma empresa de fabricação por contrato de produtos biológicos, que considerou ser uma boa opção para a Catalent. Ele fez uma oferta, com o apoio do conselho, mas o vendedor preferiu esperar um lance mais alto. Depois de algumas idas e vindas nas negociações, Chiminski decidiu desistir. Mas o conselho da Catalent estava mais interessado no valor que o acordo poderia gerar do que no preço e encorajou Chiminski a oferecer um lance mais alto. Esse foco no equilíbrio entre risco e recompensa ajudou Chiminski a superar sua cautela. Ele acabou fazendo uma aquisição revolucionária por US$ 950 milhões, aumentando o valor de mercado da Catalent de US$ 6 bilhões antes do fechamento do acordo em 2017 para US$ 20 bilhões no final de 2020.

Às vezes é o conselho que é mais conservador. Os membros do conselho podem relutar em apoiar uma aquisição ou uma expansão significativa que o CEO vê como uma grande oportunidade. Quando isso acontece, o CEO deve dedicar um tempo para apresentar os fatos e a justificativa para seguir em frente.

Nesses casos, como no acordo da Catalent, a questão é uma diferença de opinião sobre o valor da oportunidade oriunda do risco e os benefícios de aceitar esse risco. Uma aposta como essa aumentará muito a dívida da empresa. Ou o tomador de decisão vai sair como um herói ou o acordo deixará a empresa em maus lençóis. Desse modo, aceitar a oportunidade do risco pode levar a risco financeiro, risco de negócios e risco microeconômico — incluindo o risco de falência de empresas ou de seus clientes, como aconteceu no início da década de 1990, com a inadimplência dos empréstimos do Citigroup para aquisições alavancadas, do mundo em desenvolvimento e do setor imobiliário, tudo ao mesmo tempo. Os conselhos devem manter-se sempre cientes de suas próprias tendências a priorizar o risco ou a recompensa, bem como as tendências do CEO.

Assumir esse tipo de risco é uma decisão estratégica importantíssima. Em muitas empresas, um comitê de auditoria é responsável pelos riscos, mas esse grupo não é adequado para supervisionar o risco não financeiro. Acreditamos que o principal responsável pelo gerenciamento desse tipo de risco deve ser o comitê de estratégia e risco, e é por isso que gostamos de combinar as duas funções em um único lugar. O comitê deve tomar essas decisões e se responsabilizar por elas.

Mas o seu conselho pode não ter as pessoas necessárias para fazer esse trabalho. Você pode ter vários membros do conselho qualificados para presidir o comitê de auditoria, mas eles podem ser mais experientes em política contábil e relatórios financeiros. Você pode descobrir, por exemplo, que precisa de membros do conselho com expertise em tecnologia e gestão de riscos tecnológicos. (Para saber mais sobre o assunto, veja o Capítulo 5.) Se o seu conselho não tiver um comitê de risco, seu comitê de auditoria deve contratar especialistas externos. Muitas consultorias são capacitadas a exercer essa função por um preço. De um jeito ou de outro, não deixe de preencher essa lacuna.

Ainda mais especificamente, a função de auditoria só aborda um elemento do risco — o risco que você quer mitigar, não o tipo de risco que você pode acolher e com o qual pode lucrar. Mark Turner, ex-CEO da WSFS Financial, diz: "O comitê de auditoria não é um comitê de gestão de riscos. É um comitê focado em evitar riscos. As organizações precisam ser capazes de separar essas duas mentalidades nesse comitê". E, qualquer que seja o comitê responsável pelo risco na sua empresa, ele deve compartilhar seus conhecimentos e informações com todos os membros do conselho. Turner acrescenta: "Todos os membros do conselho precisam saber qual é o nosso apetite ao risco, quais são as nossas métricas de risco, quais são os nossos principais indicadores de risco, como gerenciamos o risco e onde estamos tropeçando".

Se a essência do negócio é a disposição de aceitar riscos, não é raro os conselhos serem o problema, com implicações não apenas para empresas individuais, mas também para a sobrevivência de longo prazo dos mercados de capital aberto. Os conselhos não são pagos para correr riscos. Na verdade, eles pressionam o CEO a não correr riscos — o conselho da Catalent foi uma exceção. Jeffrey Ubben, da ValueAct Capital e da Inclusive Capital, diz: "Os conselhos não costumam ter atitudes divergentes. Eles geralmente sabem o que está acontecendo com base nas informações apresentadas pelo CEO e pela equipe de gestão. Eles têm medo de prejudicar a empresa no curto prazo e não querem correr o risco de contestar o CEO e cometer algum grande erro". Se os membros do conselho desistirem rápido demais em uma discussão, é sinal de que eles preferem seguir o caminho da menor resistência.

Pensando assim, Ubben acredita que os mercados de capital aberto estão morrendo e os mercados de capital fechado provavelmente estão mal precificados, com retornos esperados baixos demais. Ele diz: "Toda a riqueza tende a ir para os proprietários privados, o que deve aumentar ainda mais a disparidade de renda econômica".

As empresas que tendem a ser conservadoras também apostam no curto prazo. Por não correrem muitos riscos, elas deixam passar oportunidades apresentadas pelo risco, ficando vulneráveis a disruptores. Um exemplo foi o risco que destruiu o negócio dos jornais impressos, sendo que o verdadeiro risco acabou sendo a possibilidade de os leitores obterem conteúdo de graça em outro lugar. A possibilidade de o setor inteiro ser desestabilizado significa que evitar riscos e passar muito tempo tentando manter as coisas como estão pode ser o caminho mais arriscado de todos. As pessoas que tentam correr menos riscos acabam sendo as que mais se arriscam.

Essa abordagem segura é uma garantia de obsolescência. Como Elena Botelho, da ghSMART, diz: "Por trás de todas as histórias de incapacidade de adaptação, na verdade há uma história de incapacidade de abrir mão de algo que foi muito lucrativo por um tempo, mas se tornou obsoleto".

A disrupção também pode se originar de dentro de uma empresa. Sempre que uma empresa passa por uma importante transição, ela eleva seu perfil de risco. Ela pode ter tido um crescimento constante e uma concorrência estável e todos os seus processos de negócios em bom funcionamento. Então ela faz uma aquisição e tudo muda. Ela causou uma disrupção. Mas, das duas formas de disrupção, esse é o melhor caminho, porque você tem a chance de se planejar para a mudança e gerenciar seus efeitos para gerar valor de longo prazo.

O risco de disrupção é um exemplo de que responder ao risco está se tornando mais importante do que prevenir o risco. Por mais que você tente identificar um risco potencial, muitas vezes vai ser pego de surpresa. A capacidade de mudar de direção e responder ao risco com rapidez e eficácia é tão importante quanto identificá-lo. Para fazer isso, você deve se adiantar ao risco de eventos que podem afetar a empresa toda e deve ver sua empresa como um único organismo.

Risco empresarial total

Gerenciar riscos na era pós-pandemia requer levar em conta fatores que ameaçam não apenas a capacidade de gerar valor de longo prazo, mas também a sobrevivência de sua empresa. O papel do conselho deve ser garantir que a empresa tenha um sistema para identificar ameaças inesperadas e um processo para responder a elas. Aumentar a relevância de qualquer legislação aprovada após uma emergência envolveria consultar todas as empresas mais importantes, com cada uma sendo solicitada a identificar as melhores práticas para o controle de riscos, encontrar problemas em comum e talvez compartilhar dados com o governo. A equipe sob o comando do CEO e do assessor jurídico geral pode se encarregar de gerenciar esse sistema de alerta antecipado.

O objetivo seria construir um modelo para o risco empresarial total da empresa — ou seja, o risco que afeta a operação da empresa como um todo. Na Tyco International, uma importante fabricante de componentes para a indústria automobilística, a importância de um sistema de avaliação de risco que englobasse a empresa toda ficou claro durante o surto de gripe suína H1N1 em 2009. O vírus surgiu no México, onde a empresa tinha instalações de manufatura, em abril daquele ano, e a Tyco se viu diante da decisão de fechar ou não suas fábricas. Se a empresa decidisse fechar as fábricas no México, poderia forçar seus clientes a enfrentar severas penalidades por deixar de cumprir os contratos com as montadoras.

A Tyco havia implementado um sistema de gestão de riscos empresariais (ERM) depois da fraude financeira cometida por seu CEO anterior, Dennis Kozlowski. O primeiro passo foi identificar cerca de uma dúzia de categorias de risco que afetavam a empresa toda. Inicialmente, essas categorias incluíam riscos financeiros, legais, estratégicos, ambientais e de propriedade intelectual e mudavam a cada ano. Cada membro do comitê de ERM da Tyco se encarregava de uma área de risco, cada um reunindo uma equipe composta de representantes da empresa toda e informando periodicamente o conselho sobre suas descobertas.

Em seguida, a administração avaliava os riscos de suas dez maiores unidades de negócios para identificar categorias de risco específicas em cada unidade e fazia o mesmo para identificar riscos específicos em cada região geográfica. Desse modo, o sistema da Tyco incluía a empresa toda e se aprofundava nos negócios individuais.

Esse sistema foi crucial para ajudar a empresa a responder à crise da gripe suína. Até então, as linhas de negócios individuais operavam independentemente umas das outras e sem muita referência à maneira como suas operações afetavam o desempenho geral da empresa. Essas questões estavam no centro das atenções em 2009. O comitê de avaliação de ERM convenceu os líderes da unidade de negócios a conduzir as próprias avaliações de risco de forma rigorosa, demonstrando como o fechamento de uma fábrica de componentes no México obrigaria outras fábricas que usavam os componentes a fechar também. O comitê também conquistou o apoio corporativo depois de fazer uma apresentação contundente desses efeitos indiretos. Com a implementação de seu sistema ERM, a Tyco foi capaz de responder rapidamente à crise.

Embora a Tyco tenha feito uma ampla análise do risco, nem sempre é recomendável fazer grandes generalizações sobre ele. Ron O'Hanley, CEO da State Street, diz: "A qualidade e a amplitude do risco empresarial variam drasticamente de um setor ao outro e até entre empresas do mesmo setor ou indústria". Então, como seu conselho deve pensar sobre o risco? Você deve tirar os olhos do chão e contemplar um horizonte temporal de pelo menos cinco a dez anos. Quanto maior o horizonte de tempo, mais você deve estender seu olhar para incluir todas as possibilidades. Por exemplo, no caso do risco climático, você deve pensar em todas as coisas que podem acontecer e se preparar para todas elas.

Os membros que participam do conselho de várias empresas podem apresentar bons insights sobre as diferentes maneiras nas quais o risco empresarial total pode se desenrolar em diferentes cenários. O ex-presidente do conselho da T. Rowe Price, Brian Rogers, atuou nos conselhos da United Technologies (atual Raytheon) e da Lowe's. Na United Technologies, a maior preocupação é o risco relacionado aos produtos da empresa. Ele diz: "Penso nos produtos usados na frota global de companhias aéreas e no risco de segurança de TI dos equipamentos da cabine do avião. Já na Lowe's, os grandes riscos da incluem o site caindo na Black Friday, o que de fato aconteceu no ano passado, resultando em uma perda significativa de receita, pelo menos temporariamente. Eu não me preocupo tanto com os produtos da Lowe's do jeito como me preocupo com os produtos da United Technologies".

Uma maneira de ajudar a gerenciar o risco empresarial total é construir uma matriz de risco — riscos da empresa toda *versus* riscos específicos do negócio, e riscos gerados fora da empresa *versus* riscos que surgem internamente. Para cada tipo de risco, você deve decidir como identificá-lo e como responder a ele — ou seja, mitigar o risco ou aproveitá-lo criando oportunidades para o longo prazo.

Essa matriz de risco o ajudará a ver o risco horizontal e vertical. O presidente do conselho da Delphi Automotive, Raj Gupta, adota uma abordagem de dois níveis. O primeiro nível é o risco de cima para baixo — os riscos abrangentes de nível empresarial que afetarão qualquer uma das operações da empresa em longo prazo, como a localização de ativos em uma região geográfica volátil, forças transformadoras no setor ou fatores cambiais e outros riscos econômicos. O segundo nível consiste no que Gupta chama de riscos de dentro para fora — os riscos em cada parte do negócio. Eles podem incluir um problema de fabricação ou as dificuldades na integração de uma grande aquisição. A ideia é unir os dois — como a inter-relação de riscos entre diferentes unidades pode afetar a empresa toda.

Não basta limitar-se a identificar o risco. Você também precisa pensar na probabilidade de ocorrência e no impacto do risco. A ideia é focar os riscos que têm mais chances de ocorrer e que terão um impacto mais significativo. Esses riscos de alta prioridade mudarão com o tempo e, portanto, seu plano de mitigação também deve mudar. Gupta diz: "É um processo dinâmico. Não é algo que você faz e deixa alguns anos na gaveta. É algo que você precisa rever e atualizar o tempo todo".

As melhores empresas criam um processo de feedback para o risco, pesquisando fontes externas para aprender sobre todos os fatores que podem ameaçar sua capacidade de criar valor de longo prazo e disseminando essas informações por toda a empresa. Por exemplo, a WSFS coleta informações de todos os pontos da organização, em que a empresa obtém feedback de sua equipe, de seus clientes e pessoas de fora — reclamações recebidas pelo call center, pelo escritório do presidente, por órgãos de proteção e defesa do consumidor; denúncias de funcionários ao grupo de auditoria interna e ética; comentários nas mídias sociais e levantamentos da Gallup com clientes.

Todo mês, a WSFS coleta e analisa essas informações para identificar problemas específicos que devem ser abordados e fraturas sistêmicas que a empresa precisa reparar. De acordo com Mark Turner, essa prática ajudou a WSFS a se adiantar a problemas como os que a Wells Fargo infligiu a si mesma e a seus clientes quando abriu contas à revelia das pessoas ou até para pessoas que não existiam.

Dada a natureza do risco, que muda com enorme rapidez, os conselhos não podem esperar as reuniões trimestrais para saber se a administração está executando adequadamente sua estratégia de mitigação. É vital manter-se atualizado entre as reuniões. Gupta, da Delphi, diz: "Você não quer pegar seu conselho de surpresa. Se algo acontecer, cabe ao CEO alertar o conselho e conversar abertamente com eles. Você precisa fazer isso se quiser conquistar a confiança não apenas do conselho, mas também dos acionistas". Na Delphi, o CEO enviava ao conselho um relatório de uma ou duas páginas, seguido de um telefonema de sessenta ou noventa minutos, sempre que acontecia alguma coisa relevante. Garanta que a administração mantenha os membros do conselho informados.

Embora o comitê de estratégia e risco deva desempenhar um papel de liderança na gestão de riscos, o trabalho não pode ser deixado apenas para um grupo. A *accountability* deve ser distribuída. O assessor jurídico geral ou um membro de um comitê de segurança de TI pode compilar todos os riscos e fazer recomendações para abordá-los no futuro. Feito isso, comitês diferentes podem ser encarregados de lidar com cada risco.

A Merck aprendeu uma terrível lição sobre os perigos de centralizar demais a mitigação dos riscos. Em 2017, a empresa foi vítima do NotPetya, o malware brutal que se originou na Ucrânia. Quando o sistema da Merck foi infectado, o NotPetya derrubou a empresa em todo o mundo em apenas oito minutos. A empresa foi tão vulnerável ao ataque porque sua arquitetura de TI era horizontal e completamente conectada.

A calamidade ocorreu mesmo com a Merck prestando bastante atenção à segurança de sua rede. A ex-CEO da Ogilvy & Mather, Shelly Lazarus, que atua no conselho da Merck, diz que a empresa analisava a segurança de TI regularmente. A responsabilidade pelo trabalho cabia ao comitê de auditoria — não o grupo que escolheríamos para lidar com o risco não financeiro —, e o comitê apresentava relatórios periodicamente ao conselho. Ela diz: "A empresa discutia os riscos. Pessoas eram questionadas. O diretor de TI fazia apresentações regulares ao conselho e falava sobre tudo o que a empresa estava fazendo para garantir a segurança. Mas ninguém olhou para a arquitetura e viu que, com essa vulnerabilidade enorme, se alguém invadisse, estaria tudo acabado. Não havia *firewalls*".

Assim, apesar de a Merck estar abordando a segurança de TI, a empresa claramente não estava focada nas coisas certas. Ela diz: "O risco de segurança de TI está por toda parte. A segurança de TI precisa ser um tema constante de estudo e análise. Mas também requer um pouco de humildade admitir que não temos como ver tudo e não temos como encontrar tudo". Lazarus falou conosco antes da pandemia do coronavírus. Assim, é possível até dizer que ela previu o futuro quando acrescentou: "Nunca saberemos com precisão de onde o próximo risco virá. Vai ser algo que nunca cogitamos e é justamente por isso que será um risco importantíssimo".

Hoje em dia, com a tecnologia no centro de todas as empresas, inclusive as que não são do setor da tecnologia, supervisionar o risco tecnológico é uma tarefa essencial do conselho para proteger os planos de longo prazo. Como as melhores empresas fazem isso? A GM enfrentou desafios em duas frentes: a segurança de seus sistemas de TI corporativos e a segurança de seus veículos à medida que eles se tornam cada vez mais eletrônicos e conectados, principalmente em sua divisão Cruise, de carros autônomos.

Uma das primeiras medidas que o conselho tomou foi reforçar sua expertise criando um comitê específico para dedicar-se à segurança de TI e trazer um engenheiro aeroespacial para presidir o conselho. Em seguida, a empresa contratou uma consultoria, a Booz Allen Hamilton, para fazer uma avaliação. A CEO da GM, Mary Barra, diz: "Uma das recomendações da consultoria foi alocar uma pessoa para cuidar da segurança de TI. Agora temos um diretor de segurança de TI que lidera uma equipe dedicada exclusivamente a isso".

Em seguida, a GM implementou o sistema na empresa toda. Criou equipes em suas unidades Cruise, GM Financial, de desenvolvimento de produtos e de TI tradicional. À medida que a empresa se aprofundava na questão, foram surgindo complexidades. A GM tem operações em todo o mundo e um centro de tecnologia na China. Além disso, nem todos os seus negócios cruciais estão completamente sob o controle da empresa, incluindo fornecedores e revendedores. Desse modo, a empresa precisaria levar em conta as especificidades geográficas e trabalhar em estreita colaboração com pessoas de fora para lidar com diferentes fatores de risco. A área de segurança de TI tem seu próprio orçamento, da mesma forma como a auditoria. "E, quando fazemos mudanças", diz Barra, "sempre consultamos o comitê de segurança de TI do conselho".

Em resumo, a fórmula é: crie uma área de responsabilidade no conselho; contrate uma consultoria para ajudar a fazer uma avaliação de risco; implemente um plano de resposta a riscos por toda a empresa, com atenção às divisões tanto de negócios quanto geográficas; garanta a cooperação de fornecedores e revendedores; e crie um orçamento separado para a área de segurança de TI, do mesmo modo como faria para a área de auditoria.

Como mostra o exemplo da GM, o risco em grandes corporações pode ser de enorme complexidade, tanto em sua amplitude quanto na dificuldade de se adiantar a todas as eventualidades. Uma maneira de monitorar as complexidades é criar um painel de risco. O ex-CEO da Vanguard, Jack Brennan, diz: "Temos riscos operacionais, riscos legais, riscos governamentais... os riscos que todo mundo sabe que podem prejudicar o valor da empresa. Eles devem ser incluídos na pauta de todas as reuniões do conselho. E o grande risco, o risco com R maiúsculo, é o risco à reputação". Um painel de riscos seria uma boa ferramenta para ajudar o conselho a focar rapidamente.

Algumas empresas tentam testar seus sistemas simulando condições reais. Elas podem oferecer recompensas para funcionários que conseguirem hackear um sistema ou expor um ponto de vulnerabilidade. Uma grande empresa pediu à equipe técnica de uma divisão operacional que tentasse atacar uma unidade financeira. Outra empresa contratou pessoas que hackearam um fornecedor para testar o novo programa de segurança de TI da empresa. Em todos esses casos, a empresa usou uma motivação primária para o comportamento que resulta em um risco tecnológico — a satisfação de hackear um código — e a neutralizou alterando a recompensa: reconhecimento e um prêmio.

O risco do mau comportamento

Além dos riscos externos e das vulnerabilidades operacionais, as empresas também enfrentam riscos decorrentes do comportamento de seus gerentes e funcionários, causados tanto por má-fé quanto por desconhecimento. O conselho deve criar processos para se manter informado sobre essa fonte de risco nem um pouco animadora. Rogers, da T. Rowe Price, diz: "Acontece muito de eu me preocupar mais com alguém causando danos dentro da empresa do que com alguma ameaça externa. Nossos investimentos na área de gestão de riscos e controle de riscos parecem aumentar quase geometricamente em comparação com o tempo que gastávamos com essas coisas 25 anos atrás, quando essas questões não passavam de um adendo numa reunião do comitê de auditoria".

Mas o risco de agentes mal-intencionados parece pegar muitas empresas de surpresa. Por exemplo, a maior parte do que lemos sobre segurança de TI sugere que as invasões de hackers se originam principalmente da Coreia do Norte, Rússia ou China, que imaginamos estar roubando nossos segredos e vendendo nossos CPFs na internet. Só que o maior risco pode estar vindo de seus próprios funcionários.

As melhores empresas tomam medidas para se proteger dessas pessoas mal-intencionadas. A AbbVie, por exemplo, tem sistemas para se proteger do roubo de propriedade intelectual por parte de seu pessoal porque, se um funcionário estiver descontente, uma maneira de se vingar da empresa é roubando dados. Quando os funcionários saem da empresa no fim do expediente, a AbbVie corta o acesso às suas contas de computador e despeja todos os dados deles em um local digital, que a empresa monitora de perto. Pode não ser possível impedir completamente o roubo de dados, mas as empresas jamais podem deixar de prevenir essa perda.

O risco de mau comportamento nem sempre resulta de má intenção, mas da fraqueza das pessoas. Warren Buffett, da Berkshire Hathaway, observou uma infinidade de razões que levam as pessoas a ser antiéticas. Ele diz: "Eu diria que não é a desonestidade que leva as pessoas a seguirem em uma direção diferente. É a natureza humana. Muitas pessoas são honestas, decentes e inteligentes. Eu adoraria receber essas pessoas na minha casa ou tê-las como vizinhas. Mas elas simplesmente não aceitam a realidade. E os conselhos muitas vezes não as pressionam a fazer isso".

Pode acontecer de a pressão por apresentar um bom desempenho levar ao mau comportamento. O comitê de talentos, remuneração e execução precisa se concentrar nesse fator de risco humano, principalmente no que diz respeito às vinte ou trinta pessoas mais importantes da empresa, que têm uma influência desproporcional nas operações e podem gerar danos consideráveis. Por exemplo, em meados da década de 1990, o CEO da Lucent, Rich McGinn, tentou elevar o crescimento da receita a níveis altíssimos. Nada menos que 40% dos resultados da empresa foram alocados a pontocoms, e a empresa dependia muito de um único fornecedor. A bolha estourou. As contas a receber da Lucent aumentaram consideravelmente e colocaram a empresa de joelhos. Nesse caso, o risco pode ser atribuído diretamente à arrogância e ao excesso de ambição.

Em muitos aspectos, o mau comportamento é um risco associado a problemas na cultura corporativa, que, por sua vez, muitas vezes são associados a problemas sociais, como discriminação racial ou injustiça econômica. Timothy Richmond, da AbbVie, diz: "É comum uma empresa limitar essa categoria de riscos ao risco de auditoria. Mas basta dar uma olhada no que aconteceu com a Boeing para ver que os riscos podem ser muito mais amplos. Por isso, atribuímos uma visão mais ampla a esse risco, em torno do capital humano. Se você não valoriza a cultura e a confiança, seja da sua comunidade ou da sua própria força de trabalho, você está acelerando o risco. E você não tem como reverter essa situação".

Richmond acredita que o risco de uma cultura corporativa ruim tem o potencial de destruir a empresa em longo prazo. As pessoas podem querer roubar da empresa, podem estar tendo incentivo para se comportar mal, podem prejudicar a reputação da empresa ou simplesmente não se engajar no trabalho — todos esses fatores fazem parte da cultura. Gerenciar esses fatores cria expectativas mais elevadas para a força de trabalho e garante que sistemas e processos estejam em vigor para prevenir e se adiantar aos problemas.

Entre as empresas que demonstraram uma cultura claramente problemática — Enron, Tyco, Volkswagen, Wells Fargo —, Richmond argumenta que a raiz foi uma cultura questionável por parte da liderança. Ele diz: "A maneira como você faz as coisas é tão importante quanto o que você faz. A maneira como tratamos as pessoas cria a cultura de uma empresa. Se o que você diz for diferente do que você faz, você estará criando esse risco. A cultura não é um programa. É um reflexo do que você faz todos os dias, de como você se engaja, como reage". Recomendamos que as empresas adotem um código de conduta que todos os funcionários devem assinar, detalhando os comportamentos que sustentam as expectativas culturais. Um código de ética bem implementado poderia ter evitado a prática da Wells Fargo de enganar os investidores fabricando um sucesso inexistente e poderia ter fornecido uma base legal para demitir funcionários e gerentes envolvidos no crime.

Muitas empresas têm códigos de conduta, embora nem todas exijam que sejam assinados pelos funcionários. Um exemplo de um código excelente e abrangente é o do Google. Com mais de seis mil palavras, o código de conduta do Google inclui reputação corporativa, igualdade de oportunidades, bullying, drogas e álcool, conflitos de interesse, relacionamento com clientes, confidencialidade, propriedade intelectual, integridade e responsabilidade financeira, questões legais envolvendo a concorrência, leis comerciais e relações governamentais, entre outros temas. Códigos como esses ajudam a orientar o comportamento dos funcionários e protegem a empresa e seus clientes.

Não importa se as pessoas se desviam do comportamento ético devido à má intenção ou ao desconhecimento, você deve estabelecer mecanismos para evitar desvios da política da empresa e da boa governança. Buffett atua em comitês de auditoria com frequência; as empresas tentam afastá-lo do comitê de remuneração sabendo que ele é famoso por ser muito pouco generoso na remuneração dos membros do conselho, sendo que os membros do conselho da Berkshire ganharam uma média de apenas US$ 2.700 por ano em 2018.

Buffett conta sobre uma empresa na qual a Berkshire tinha um investimento enorme. Ele se debruçou sobre os relatórios anuais e trimestrais — um bom teste para saber se a pessoa é um bom membro do conselho — e usou as reuniões do conselho para investigar a situação da empresa. Ele diz: "Finalmente, depois de alguns anos, ficou claro para mim que a empresa só estava maquiando seus resultados trimestrais. Acho que a comunidade de investimentos já tinha sacado isso, mas a empresa era aplaudida por essa postura. Percebi que o único jeito de forçar os auditores externos a se comportar era fazê-los ter mais medo de mim do que da administração".

Desde então, ele criou quatro perguntas que devem ser respondidas pelos auditores todos os anos e exigiu as respostas por escrito. Segue o teste de Buffett:

1. Se o auditor fosse o único responsável pela elaboração das demonstrações financeiras da empresa, ele usaria um método diferente do escolhido pela administração?
2. Se o auditor fosse um investidor, ele teria recebido as informações necessárias para conhecer o desempenho financeiro da empresa durante o período coberto pelo relatório?
3. A empresa está seguindo o mesmo procedimento de auditoria interna que seria seguido se o auditor fosse o CEO? Se não, quais são as diferenças e por quê?
4. O auditor está ciente de quaisquer ações — sejam contábeis ou operacionais — que tiveram a intenção e o efeito de transferir receitas ou despesas de um período de relatório para outro?

Essas perguntas só colocam a empresa no mesmo patamar de igualdade que as outras. Grande parte do conteúdo dos relatórios financeiros é pensado para confundir ou acaba confundindo o leitor. Buffett diz: "Os advogados da empresa dizem para você listar todas as coisas possíveis e imagináveis nos relatórios anuais só como uma forma de proteção. E uma dessas coisas tem um potencial concreto de representar um grande risco para a empresa. Você precisa se focar totalmente nela, e não em vinte outros riscos. Eles despejam uma montanha de dados na sua cabeça e os comitês de risco ficam praticamente sem ação".

Para proteger o valor de longo prazo, exija que sua administração forneça as informações necessárias para garantir que os líderes da empresa estejam agindo com ética.

CHECKLIST PARA GERENCIAR RISCOS

- Conheça os riscos associados a cada uma das capacidades cruciais da empresa.
- Proteja sua cadeia de suprimentos: tenha um plano B para o caso de você ser isolado de seus fornecedores atuais.
- Para garantir a sobrevivência em longo prazo, gerencie sua liquidez, dívida e balanço patrimonial para ter uma margem de manobra em caso de emergência.
- Evite o risco de perder talentos cruciais criando um orçamento para reter os funcionários-chave.
- Ao planejar uma fusão com outra empresa, exija que a empresa a ser adquirida passe por uma auditoria de capital humano para ver se a liderança vai permanecer.
- Faça um plano de sucessão de emergência para todos os funcionários-chave — não apenas o CEO e o diretor financeiro.
- Construa um modelo para identificar e responder ao risco empresarial total — os riscos que têm o potencial de derrubar a empresa toda.
- Faça a distinção entre prevenção de riscos e gestão de riscos.
- Implemente sistemas para proteger sua propriedade intelectual contra roubo por parte dos funcionários.
- Adote um código de conduta a ser assinado por todos os funcionários.

PARTE II
As melhores práticas dos conselhos
Gerenciando para o novo TSR e a criação de valor de longo prazo

Quando uma empresa redireciona sua atenção para o talento, a estratégia e o risco, a antiga maneira de fazer negócios deixa de fazer sentido para o conselho da mesma maneira que deixa de fazer sentido para a administração. O conselho deve ter as pessoas certas para supervisionar o novo TSR. Deve ter o conhecimento certo e a organização certa para fazer bem seu trabalho. E deve renovar seu compromisso de construir relacionamentos com investidores e outros stakeholders. O conselho também precisa de um novo manual.

Esta segunda parte do livro apresenta esse manual. Aqui, os membros do seu conselho aprenderão as competências e habilidades especiais necessárias para manter a empresa no caminho certo em um momento de grandes mudanças. Com este manual, você poderá estruturar comitês para que os membros do conselho tenham tempo de aplicar sua expertise e se aprofundar em questões cruciais para a governança. Você verá como obter os recursos necessários para que seu conselho tenha uma fonte independente de informações. E saberá como lidar com investidores, tanto para aprender com eles quanto para proteger sua empresa.

O novo manual para a criação de valor

Melhore as COMPETÊNCIAS	**Normalize** a rotatividade do conselho. **Escolha** o líder certo. **Otimize** as sessões executivas.	**Redefina** mandatos. **Crie** novos comitês. **Poupe** o tempo do conselho.	*Redesenhe os* COMITÊS
Diversifique as INFORMAÇÕES	**Recrute** pontos de vista diversificados. **Considere** todas as fontes de dados. **Analise** os concorrentes.	**Adiante-se** às preocupações e interesses dos investidores. **Comunique-se** regularmente. **Melhore** as relações com os investidores.	*Engaje os* INVESTIDORES

Munido deste manual, o conselho pode realmente focar o gerenciamento de longo prazo.

MELHORE AS COMPETÊNCIAS

Capítulo 4

CRIE UM CONSELHO CAPAZ

O gerenciamento do talento, da estratégia e do risco começa com o gerenciamento dos talentos do próprio conselho. Da mesma maneira como para os cargos de gestão, um conselho precisa do capital humano certo para atingir seus objetivos de criação de valor de longo prazo. Deve ter a composição certa para gerenciar o talento, a estratégia e o risco. Deve ter a liderança certa para chegar a um consenso sobre seus planos. E deve ter sistemas implementados para mudar e atualizar seus integrantes à medida que as necessidades da empresa evoluem.

O conselho também deve superar obstáculos ao seu trabalho, incluindo falta de tempo, falta de expertise, falta de diversidade e falta de conhecimento sobre mercados, concorrentes e a nova economia digital. E o conselho deve ser comparado não apenas com outras empresas de capital aberto do setor, mas também com as empresas de capital fechado.

Neste capítulo, apresentaremos ao conselho um novo guia para gerenciar seu próprio talento. O novo TSR deve redefinir a composição do conselho. O conselho deve ter membros profundamente conhecedores dos negócios de hoje, além de adequados para a estratégia de amanhã. E, com empresas de todos os setores se adaptando à era digital, o novo manual requer membros do conselho capazes de dar esse salto.

Analisamos as competências do conselho de duas perspectivas: as habilidades dos membros do conselho e os processos que o conselho implementa para exercer seu poder. Mas, nas discussões sobre as competências e a composição do conselho, a palavra "liderança" raramente é mencionada na literatura.

A maioria dos conselhos também não tem um sistema robusto para garantir que seus integrantes estejam fazendo seu trabalho. Tanto que muitos membros do conselho veem as avaliações do conselho como uma brincadeira e não as levam a sério. Os membros do conselho raramente são demitidos ou informados de que não estão à altura e afastados. Muitos membros do conselho, uma vez que entram nele, jamais sairão de lá, como se fosse um cargo vitalício. O que acaba acontecendo é que muitos CEOs dizem que um ou dois membros de seu conselho poderiam desaparecer da noite para o dia e ninguém notaria. Essa situação precisa mudar.

Os melhores de conselho estão tomando medidas para aumentar sua eficácia. Eles estão se empenhando mais para desenvolver a expertise da qual precisam para conhecer a fundo o trabalho da empresa. E estão adotando medidas para responsabilizar seus membros. O objetivo é que, com o tempo, o conselho desenvolva um pensamento independente e construa um modelo para entender o mundo externo composto de clientes, concorrentes e mercados com base nos quais toma decisões. A disposição de um conselho de mudar a maneira como trabalha determinará se eles agregarão ou destruirão valor. Com os métodos apresentados a seguir, o ajudaremos a criar valor. (Veja a Figura 4-1.)

Figura 4-1

O novo manual para a criação de valor: competências

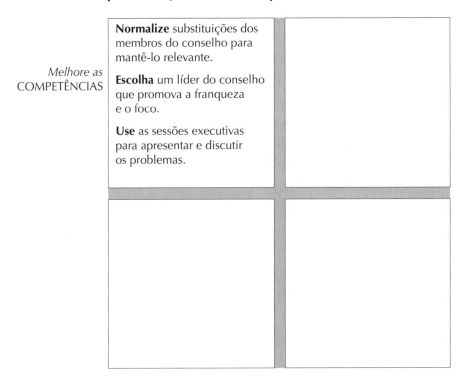

Um conselho com as habilidades para o amanhã

Para fazer um bom trabalho gerenciando o talento, a estratégia e o risco com vistas ao longo prazo, o conselho deve escolher seus integrantes com o cuidado que usaria para escolher qualquer equipe de elite. Os atributos essenciais de um conselho eficaz são: deve ter a combinação certa de capacidades e competências, com membros capazes de presidir comitês de auditoria e entender a tecnologia digital; deve ser flexível o suficiente para se adaptar rapidamente quando as condições mudam; e deve cumprir metas de diversidade de experiência, idade e gênero.

O conselho deve ter critérios rigorosos de seleção, especialmente para cargos de liderança. Mas você pode começar com um exercício simples: anote as qualidades que você acha que um membro do conselho precisa ter — hoje e no futuro — e por que você precisa delas, seja para fazer a transição para um novo negócio, para expandir o negócio de forma agressiva ou para ser sustentável em longo prazo. Decida se qualquer uma dessas transições requer uma mudança cultural no conselho.

Com base nisso, as melhores empresas estão tomando medidas para reconstruir o know-how que seus conselhos perderam com o tempo, especialmente em comparação com a administração. (Para saber mais sobre a assimetria de informações entre o conselho e a administração, veja o Capítulo 6.) Os conselhos de cinquenta ou sessenta anos atrás não tinham muita independência, mas, como seus membros incluíam muitos executivos aposentados, eles tinham muito conhecimento.

Mas os conselhos mudaram com o tempo. Como Ron O'Hanley, da State Street, diz: "Passamos a priorizar celebridades para montar os conselhos e perdemos expertise no setor". Os membros do conselho podem ter ficado famosos em seu campo de atuação, mas não necessariamente conheciam o negócio das empresas que estavam lá para supervisionar. Agora o pêndulo está voltando e as empresas estão montando conselhos com o know-how do setor e a experiência funcional necessária agora e no futuro. Os conselhos também estão se tornando mais diversificados e inclusivos, embora muitas vezes esse objetivo ainda não passe de uma aspiração.

Assim, os conselhos devem encontrar o equilíbrio certo entre membros do setor e membros de fora do setor. Se você encher o conselho de especialistas do setor, corre o risco de ter um conselho que tende a assumir as funções da administração. Um conselho composto apenas de membros do mesmo setor será limitado por essa experiência em comum e propenso ao pensamento de grupo e à miopia. Um verdadeiro diálogo com o mundo fora da empresa requer uma representação mais ampla. As rápidas mudanças estão transformando todos os setores da economia. Para navegar por esses mares, é importante incluir no seu conselho pessoas de outros setores.

Com o valor de longo prazo em mente, os melhores conselhos estão incluindo membros com expertise em setores que serão cruciais para o trabalho da empresa nos próximos anos. O conselho da Coca-Cola é composto pela nata de ex-legisladores e ex-CEOs, incluindo Herb Allen e Barry Diller. Em 2018, a empresa incluiu Caroline Tsay, CEO da empresa de computação em nuvem Compute Software e ex-vice-presidente de software da Hewlett Packard Enterprise. A experiência de Tsay em novas tecnologias ajudará a empresa a avançar com iniciativas de mídias sociais para os consumidores da geração dos millennials. Membros do conselho com esse perfil não hesitam em fazer perguntas difíceis sobre sua área de especialização e não têm vergonha de fazer perguntas básicas sobre os negócios da empresa.

Todo conselho deve contar com alguma expertise digital. Tanto que, hoje em dia, uma das principais áreas de headhunting de membros de conselhos da América corporativa é a segurança de TI. O ex-presidente da T. Rowe Price, Brian Rogers, diz: "Se você teve uma boa carreira na Agência de Segurança Nacional dos Estados Unidos, vai poder entrar no conselho de três empresas com muita rapidez. As empresas não querem depender apenas de seu pessoal interno de TI para essa função e, ao mesmo tempo, é uma vaga difícil de preencher".

Esteja pronto para fazer uma busca bem abrangente: a expertise tecnológica essencial pode vir de setores bem distantes do seu. Pessoas com uma mentalidade diferente sobre a disrupção, especialmente a disrupção tecnológica, podem vir de qualquer setor. Isso acontece porque as questões que envolvem a tecnologia mudaram muito. Por muito tempo, uma empresa pensava na tecnologia em termos do que precisava para funcionar bem e inovar, e só depois em termos das necessidades do cliente. Agora é o contrário. Hoje, a tecnologia é sobre o que o cliente quer. O trabalho do conselho é trazer a experiência do cliente aos sistemas da empresa para criar os produtos do futuro.

Os conselhos também devem ter pelo menos um membro do setor privado com profundo conhecimento das especificidades dos modelos de ganhar dinheiro — engenharia financeira, captação de recursos e uso de especialistas para melhorar as margens, fluxo de caixa, estrutura de capital e produtividade de custos de longo prazo. Os executivos de private equity têm experiência na utilização de métricas como essa para comprar empresas e desenvolver um modelo de negócios mais inovador, criando mais valor no longo prazo. Eles sabem encontrar maneiras diferentes de precificar produtos e aumentar as vendas. Conhecem os fundamentos da geração de dinheiro porque suas vidas dependem disso. É por isso que gostamos muito da ideia de recrutar alguém que leve essas habilidades ao conselho e que possa ensinar aos outros membros do conselho novas maneiras de criar receita e gerar dados sobre o desempenho da empresa.

Ter as habilidades certas no conselho com vistas ao longo prazo é um processo que nunca termina. Michele Hooper, do Directors' Council, diz: "Para mim, a matriz de habilidades é um documento vivo. Quando presidi o comitê de nomeação e governança, conversávamos a respeito pelo menos uma vez por trimestre. Não é algo que você apresenta uma vez por ano. É algo que você precisa ficar o tempo todo olhando". Procure uma perspectiva externa para ajudar a identificar necessidades. O conselho do UnitedHealth Group, do qual Hooper faz parte, compartilha sua matriz de habilidades com um comitê consultivo. Ela diz: "Pedimos a opinião deles. Vocês acham que essas são as habilidades e as experiências certas para nos ajudar no longo prazo? Vocês acham que precisamos ajustar alguma coisa?"

Ao escolher os membros de seu conselho, lembre-se de que o tamanho faz diferença. Conselhos grandes demais são contraproducentes. Ter pessoas demais na sala pode dificultar o debate e a discussão. Acreditamos que o tamanho ideal para um conselho é de dez integrantes — nove de fora da empresa e um de dentro, ou às vezes oito e dois.

Nem todas as habilidades que você deseja na sala do conselho precisam vir de um membro do conselho. Você pode convidar especialistas para ajudá-lo a refletir sobre algum aspecto do negócio, seja uma nova tecnologia ou uma ameaça competitiva. Mas será preciso ponderar e priorizar as habilidades que precisa ter em seu conselho para tomar sua decisão. Quais habilidades você tem no conselho e quais habilidades você pode convidar eventualmente para a discussão? Se os especialistas dos quais você precisa não fazem parte do conselho, convide-os para uma visita. Essa flexibilidade o ajudará a criar valor de longo prazo à medida que sua empresa se ajusta a um mundo onde as necessidades podem mudar radicalmente em um piscar de olhos.

Além de procurar membros com as habilidades e a experiência certas, os conselhos precisam fazer mais para aumentar a diversidade de seus membros. Para atingir esse objetivo, esteja preparado para sair do caminho batido. Para seus mais recentes membros do conselho, a Estée Lauder escolheu pessoas na casa dos 30 anos para trazer expertise em mídias sociais, tecnologia e relações com os millennials. A empresa também procurou nomear uma mulher não branca. Lynn Forester de Rothschild, diretora do comitê de nomeação e assuntos do conselho, diz: "Não contratamos uma empresa de headhunting porque sabíamos que o perfil que queríamos não estaria na lista deles". Em vez disso, eles pediram indicações a Wei Christianson, membra do conselho da Morgan Stanley na Ásia, e Mellody Hobson, uma líder corporativa negra.

Forester, que também é cofundadora do fundo de hedge Inclusive Capital Partners, começou entrevistando vinte pessoas com o diretor executivo William Lauder. Ela diz: "Tive a semana mais empolgante da minha vida no Vale do Silício e em São Francisco entrevistando essas mulheres. Acabamos com duas mulheres apesar de termos começado procurando só uma. Acredito muito que um esforço coletivo para encontrar mulheres e pessoas que não se encaixam no perfil de sempre contribui muito para qualquer conselho".

Mas acontece muito de as iniciativas de diversidade não passarem de ações para inglês ver. Quando a escolha de um candidato ao conselho é uma disputa entre um homem e uma mulher, Warren Buffett prefere votar na mulher porque, no passado, as mulheres muitas vezes perdiam apenas por serem mulheres. Mas muitas tentativas de corrigir essas circunstâncias são só para a empresa sair bem na fita.

Desse modo, ele tenta abordar o recrutamento com um maior senso de propósito. Buffet diz:

> Os headhunters vivem me ligando e dizendo: "Estamos procurando uma mulher para atuar num conselho". Ainda estou para ouvir um deles dizer: "Estamos procurando uma mulher que seja orientada aos investidores e que tenha experiência em negócios para atuar num conselho". Eles só querem uma mulher para a empresa sair bem na fita. Acho que as mulheres passaram tanto tempo sendo menosprezadas que eu sempre tendo a recomendar uma mulher. Mas jamais recomendei uma mulher que eu não achasse que tivesse as qualidades necessárias para executar meu planejamento de dez anos.

Em outras palavras, garanta que a diversidade seja real, e não só para manter as aparências.

O que faz um excelente membro do conselho

Mais do que qualquer conjunto de habilidades que você pode encontrar em um currículo, a capacidade de ser um bom membro do conselho é um traço de personalidade. Envolve qualidades de discernimento, perspectiva e caráter. É verdade que conselhos com um profundo conhecimento do setor tendem a ser mais estratégicos e focar mais o longo prazo. Mas a estratégia é uma maneira de pensar, que depende de experiência e uma boa capacidade de julgamento. Os membros do conselho que entram para reformular um negócio geralmente são de fora do setor. A transformação é a habilidade deles.

Os pré-requisitos na seleção de membros do conselho devem ser amplitude de visão e capacidade de liderança; só depois é que você deve ver se um candidato tem a expertise e a experiência que você deseja. Esses atributos não têm nada a ver com a idade. Algumas pessoas aos 25 anos têm uma perspectiva mais ampla e são líderes melhores do que colegas muito mais velhos.

Os melhores membros do conselho têm uma capacidade quase paradoxal de criar um clima de coleguismo e ser construtivos, por um lado, e ser questionadores e contestadores, por outro. Brendan Swords, CEO da Wellington Management, diz: "Você quer humildade e coragem. Os melhores membros do conselho são bons ouvintes. Eles sabem receber críticas sem se ofender. Eles não têm medo de dizer o que pensam nem de fazer perguntas difíceis. Eles se preparam. São muito engajados. Têm a mente aberta". Por outro lado, os piores membros do conselho não sabem ouvir. Ele diz: "Eles são como elefantes numa loja de cristais e se recusam a aceitar qualquer outro ponto de vista que não seja o deles".

É possível distinguir os bons membros do conselho dos ruins pelas perguntas que eles fazem. Em qualquer conselho, é fácil distinguir os membros do conselho que realmente querem conhecer a empresa, viajando para diferentes regiões e conversando com as equipes locais, dos membros do conselho que se limitam a comparecer às reuniões. Por isso, procure membros dispostos a se empenhar no cargo. Ter membros do conselho com tempo e energia para investir ajudará a eliminar a vantagem da administração em termos do volume de informações. Procure saber o que motivou a pessoa a entrar no conselho. Se não fizer isso, você pode descobrir que a contribuição desse membro não corresponde a seu currículo.

Procure membros do conselho que tenham coragem de defender suas convicções. Esperamos que a Boeing tenha membros do conselho capazes de resistir às pressões de curto prazo e pensar em questões de longo prazo e em como fazer a coisa certa para todos os stakeholders, não apenas para os acionistas. Ao pensar nas dificuldades da empresa,

Mary Erdoes, da J.P. Morgan Asset & Wealth Management, diz: "Um bom membro do conselho é alguém que se recusa a ser manipulado e sabe quando está sendo manipulado, porque é muito fácil para uma empresa manipular o conselho".

Sabendo disso, tome cuidado com as tentativas da administração de encher o conselho de marionetes. Em sua carta aos acionistas no relatório anual da Berkshire Hathaway de 2019, Buffett escreveu que é quase certo que o CEO de uma empresa em busca de membros do conselho vai checar com o atual CEO se o candidato é um "bom" membro— sendo que "bom" é um código para evitar qualquer membro que tenha contestado os esquemas de aquisição ou remuneração do atual CEO. Nas palavras de Buffett: "Ao procurar membros do conselho, os CEOs não querem um pitbull. É o cocker spaniel que eles levam para casa".

Um membro do conselho verdadeiramente bom é capaz de combinar as melhores características de um CEO e de um investidor. Buffett leva os dois atributos aos conselhos dos quais faz parte. Ele diz: "Chego aos conselhos com uma perspectiva um pouco diferente porque também trabalho como um executivo em colaboração com meu conselho. Atuei em pequenas e grandes empresas e vi como os conselhos são uma combinação de uma organização formal e uma organização social. O desempenho deles depende, até certo ponto, dos objetivos e da personalidade do CEO".

É por isso que gostamos de ver duas pessoas com experiência de CEO em cada conselho. Só um CEO conhece o trabalho de um CEO — um conhecimento importantíssimo ao selecionar um novo líder para a empresa. Uma busca por um CEO liderada por um não CEO muitas vezes parece estar nas mãos de amadores. Também é interessante ter CEOs no conselho quando as coisas dão errado. Eles têm mais chances de tomar decisões difíceis e são menos propensos a fugir correndo.

Mas não presuma que alguém será um bom membro do conselho só porque tem um bom histórico como o CEO de outra empresa. Alguns ex-CEOs odiavam o que consideravam ser intromissões por parte de seus próprios conselhos e, quando entram em um conselho, podem tender a respeitar demais as opiniões do CEO. Ed Garden, da Trian Partners, diz: "É incrível como CEOs respeitados com currículos espetaculares e que geraram um retorno impressionante para os acionistas de uma empresa podem não agregar absolutamente nada no conselho de alguma outra empresa. Depende da disposição dele de aprender sobre o negócio, de contestar o CEO e a dinâmica social do conselho e de ser provocativo e facilitar o debate". Por essa razão, Garden diz que prefere não nomear um CEO em exercício para o conselho: "Eles simplesmente estão ocupados demais administrando a própria empresa".

De qualquer maneira, se o seu CEO estiver deixando o cargo, evite nomeá-lo a seu conselho. A presença do ex-chefe pode contaminar o estilo do novo CEO e complicar a relação entre o conselho e a administração. Um fator crucial nas discussões com a administração é forçá-la a encarar a realidade. Elena Botelho, da ghSMART, diz: "Quantos conselhos você conhece que têm um diálogo realmente franco? Nos quais as pessoas dizem: 'Beleza, esta aquisição foi um desastre. Então vamos tentar aprender o que pudermos com a experiência. Quais lições podemos tirar desse fracasso?'" As perguntas incômodas geralmente são feitas por pessoas inteligentes e competentes que nunca foram CEOs — o cientista ou o tecnólogo que está disposto a investigar a fundo e que não parte da premissa de que tudo vai ficar bem. A presença do antigo CEO pode inibir esse tipo de discussão e os demais membros do conselho podem relutar em criticar as decisões tomadas pelo colega.

A liderança certa

Mesmo se os membros do conselho forem extremamente capazes, para que o conselho tenha um bom desempenho, deve ter um líder capaz de manter o foco das discussões nas questões que realmente importam e ajudar o grupo a chegar a um consenso. O problema é que muitos conselhos dedicam muito menos atenção e discussão formal à futura liderança do conselho do que às habilidades e experiências necessárias para os futuros membros do conselho e presidentes de comitês. Joseph Griesedieck, vice-presidente da Korn Ferry, diz: "Consideramos essa postura uma anomalia no planejamento do conselho, principalmente devido ao impacto que um presidente do conselho ou um conselheiro independente líder pode ter para formar a cultura do conselho e incentivar os integrantes a se comportar de maneira a aumentar a eficácia do conselho". É fundamental ter um bom conselheiro independente líder, especialmente se o seu CEO também for o presidente do conselho. Não há nada de errado em combinar esses dois papéis; fazer isso pode até ajudar em momentos de dificuldade. Se você estiver falando com a imprensa ou testemunhando perante o Congresso, pode ser muito útil ter uma única voz para representar a empresa.

Mas, mesmo se os papéis de CEO e presidente do conselho forem separados, você ainda precisa de um líder forte adicional. Um bom conselheiro independente líder servirá como um contrapeso ao CEO e responsabilizará o CEO pelas decisões. O conselheiro líder deve ser verdadeiramente independente. Abe Friedman, fundador da CamberView Partners e ex-diretor administrativo da BlackRock, diz: "É muito comum a pessoa escolhida para o cargo de conselheiro independente líder ser um amigo do CEO". Essa situação complica as coisas para qualquer outro membro do conselho que quiser levantar uma questão. A estrutura de membros do conselho independentes permite essa abertura.

Ao escolher um conselheiro independente líder, pense primeiro nas habilidades e na experiência que tornariam essa pessoa eficaz no seu conselho. O melhor candidato pode não ser o que tem mais tempo de atuação no conselho nem o que tem mais conhecimento do setor. É o candidato capaz de racionalizar pontos de vista distintos e incluí-los na discussão.

O ambiente certo

Mesmo com uma liderança forte, para garantir a eficácia do conselho, seus membros precisarão de um ambiente que lhes permita compartilhar informações entre si sem pressão da administração. No início da década de 1990, membros do conselho de algumas empresas começaram a marcar encontros fora das empresas. Muitos desses membros pertenciam a clubes sociais e se reuniam lá. E, em alguns casos, um CEO de uma empresa que atuava no conselho de outra começava a levantar questões sobre o desempenho nesses encontros. Na American Express, Jim Robinson III estava em alta, sendo conhecido em alguns círculos como o "secretário de Estado da América corporativa" devido aos relacionamentos que desenvolveu ao redor do mundo. Mas a iniciativa liderada por ele para transformar a Amex em uma central financeira unificada, construída por meio de aquisições, estava naufragando. Os membros do conselho, em sua reunião privada, concordaram com um plano: afastar Robinson do cargo. Mas o processo todo foi feito em sigilo.

Como uma alternativa a esse tipo de encontro às escondidas, surgiu a ideia de institucionalizar as reuniões do conselho com o conhecimento do CEO e criar uma metodologia para avaliar o CEO e as questões mais amplas. A ideia era dar transparência aos mecanismos para que os membros do conselho não precisassem agir como se estivessem conspirando contra o CEO. Qualquer membro do conselho independente poderia levantar qualquer questão para ver se o conselho concordava e propor uma ação, como uma investigação mais aprofundada. Depois de pedir a opinião de todo o conselho, os conselheiros independentes — liderados pelo presidente não executivo ou pelo conselheiro independente líder — faziam recomendações ao CEO ou à equipe administrativa. Essas reuniões viriam a se tornar a sessão executiva.

Hoje elas são importantíssimas para o conselho se reunir sem pressão da administração, o que é essencial para poder supervisionar o talento, a estratégia e o risco. Warren Buffett diz: "Quando atuo em um conselho, acho que sou, de todos os membros, o mais evitado, e aconteceu muito de tentarem me inibir de levantar questões. A presença do conselheiro independente líder melhorou muito as coisas porque as pessoas tendem a evitar fazer reuniões às escondidas antes da reunião 'para valer'. Finalmente inventaram um jeito de os membros do conselho se reunirem de maneira não secreta, aprovada, socialmente aceitável e confortável, onde eles podem discutir coisas que evitavam falar na presença do CEO".

Empresas diferentes têm práticas diferentes para as sessões executivas. Em muitas, o CEO participa da primeira parte da sessão para os conselheiros independentes poderem obter as informações necessárias e ouvir quaisquer questões que o CEO queira levantar. Em seguida, os conselheiros independentes dispensam o CEO e fazem uma sessão aberta entre si.

O presidente da sessão executiva precisa ter muita habilidade. A ideia é identificar as questões que precisam ser debatidas — uma, duas ou três no máximo — em vez de abrir uma lista enorme de questões, algumas inevitavelmente irrelevantes. Em muitas empresas, o conselheiro independente líder conversa em particular com os conselheiros independentes a cada trimestre para planejar a pauta da próxima reunião, garantindo a continuidade.

É comum os conselhos realizarem suas sessões executivas após cada reunião do conselho. Essa prática costuma ser problemática. Os membros do conselho começam a olhar para o relógio, ansiosos para ir embora. E podem passar a sessão revendo e criticando as apresentações feitas anteriormente, focando questões de curto prazo e detalhes operacionais em vez de questões relacionadas ao valor de longo prazo.

É melhor fazer a sessão executiva logo de manhã, antes do início da reunião do conselho. O CEO pode preparar o terreno para a sessão e focar o grupo no que será apresentado mais tarde. Quando o CEO sai, os conselheiros independentes podem decidir se desejam levantar outras questões. Com isso, eles têm a chance de refletir antes da reunião do conselho. O resultado é uma sessão voltada para o futuro, seguida de uma oportunidade de discutir a apresentação do CEO.

Sessões executivas abertas e bem conduzidas têm o poder de minimizar o tumulto emocional que pode resultar das redes informais. Essas redes podem ser bastante eficientes em apresentar informações preocupantes ao CEO. Todo CEO tem um ou dois amigos no conselho que contam o que foi dito nas reuniões e quem disse o quê. Na verdade, o CEO seria ingênuo se não tivesse aliados como esses no conselho. A existência dessas linhas subterrâneas de comunicação pode inibir a discussão nas reuniões do conselho. As sessões executivas abertas podem ir criando aos poucos uma atmosfera de transparência, franqueza e sinceridade. Com o tempo, quando ficar sabendo das discussões francas na sala do conselho, o CEO as verá como construtivas.

Nas sessões executivas, é importante focar as coisas certas. Alguns membros do conselho gostam da ideia de ex-CEOs fazendo perguntas diretas à administração, mas essas perguntas devem focar questões relevantes e não ser feitas apenas para mostrar que o CEO continua informado. Um CEO famoso que atua em um conselho ao qual um de nós está associado declarou em uma reunião do conselho: "Acho que o custo de capital é de 8%, não de 7%". Contribuições triviais como essa têm o poder de azedar uma reunião. Para levar o diálogo adiante, faça as perguntas certas e concentre-se nas questões mais importantes. Nas sessões com o conselho todo, tente manter a continuidade da discussão. Como mostraremos no Capítulo 5, os comitês são o melhor lugar para falar de detalhes, fazer ajustes finos e se aprofundar em um assunto.

Avaliação do conselho

Como o conselho é a maior autoridade de governança da empresa, a responsabilidade por sua avaliação é do próprio conselho. A única maneira de o processo funcionar é institucionalizá-lo por meio da adoção de um estatuto contendo diretrizes para avaliar o desempenho.

Quando bem-feita, a autoavaliação pode ser um bom instrumento para ajudar os membros do conselho a mudar seu comportamento ou dar um tipo diferente de contribuição ao conselho. Mas a autoavaliação raramente é bem-feita. Em muitas empresas, a nomeação para o conselho é, para todos os efeitos práticos, permanente. Em consequência, alguns conselhos estão infestados de membros ineficazes e não têm um mecanismo para eliminá-los. Desse modo, o conselho deve se empenhar para identificar maneiras de renovar seus membros e aumentar a eficácia de suas atividades.

O objetivo da autoavaliação não é fazer o tipo de avaliação de desempenho que se aplicaria a um gestor ou funcionário. O conselho é uma instituição diferente, com um propósito diferente. Quem avaliaria o desempenho de Warren Buffett no conselho da Coca-Cola, no qual ele atuou por dezessete anos? O processo deve envolver um feedback construtivo e específico por parte dos colegas sobre o que seria interessante para um membro do conselho fazer mais, menos ou de forma diferente. O feedback pode vir da administração e dos membros do conselho. A ideia é saber se o conselho agregou valor e onde, se falhou e por que, e o que precisa fazer daqui em diante.

As ferramentas e técnicas de autoavaliação do conselho evoluíram ao longo dos anos, mas ainda estão longe do ideal. Um método muito usado no passado foi um checklist composto de vinte ou trinta perguntas, muito parecidas com as que costumam ser usadas para avaliar os CEOs (veja o Capítulo 1). Por exemplo: o membro do conselho comparece a todas as reuniões? Ele chega preparado? Ele é pontual? Essas perguntas são superficiais e não dizem muito. Como resultado, os conselhos não costumam fazer muita coisa com as informações coletadas.

Para os conselheiros independentes líderes, a avaliação consegue ser ainda pior. No início de 2010, um de nós (Carey) reuniu um grupo de 33 conselheiros independentes líderes e presidentes não executivos do conselho e perguntou se o conselho avalia algum deles quanto à qualidade de seu desempenho. Ninguém levantou a mão. Desse modo, embora as corporações tenham estabelecido o conceito de conselheiro independente líder, quase ninguém submete essa pessoa a uma avaliação.

Na melhor das hipóteses, muitos conselhos se limitam a fazer uma avaliação *pro forma*. São pouquíssimos os conselhos que demitem um integrante improdutivo. Eles tapam o sol com a peneira e passam pano para o membro do conselho, mantendo-o no cargo por mais dois ou três anos se o conselho não for eleito anualmente. Esse tipo de favorecimento pode colocar a empresa em apuros se os outros membros do conselho começarem a exigir o mesmo tratamento. O resultado pode ser um conselho que acaba nunca sendo devidamente renovado.

Precisamos de um processo diferente, tanto para membros individuais do conselho quanto para o conselho como um todo. Para avaliações mais aprofundadas, é muito melhor fazer entrevistas do que usar checklists. As perguntas podem ser mais pontuais e os membros do conselho têm a chance de se preparar. Vinte ou trinta minutos por entrevista devem ser suficientes.

A supervisão do processo de entrevistar membros do conselho, coletar dados e preparar um relatório pode ser feita pelo conselheiro independente líder ou presidente não executivo do conselho; pelo assessor jurídico geral da empresa; por um escritório de advocacia; ou por uma consultoria. Bill McCracken, da CA Technologies, gosta de usar grupos externos para ajudar nas avaliações porque a natureza igualitária dos conselhos pode dificultar a avaliação dos outros membros. Ele diz: "Os conselhos são grupos de pares. Eles não são hierárquicos. Mesmo quando você olha para o presidente do conselho, ele é um líder liderando líderes".

O feedback aos membros do conselho individuais e ao conselho como um todo deve sempre vir de duas pessoas: o CEO e o conselheiro independente líder ou o presidente do conselho. Ter duas pessoas conduzindo as sessões de feedback evita falhas de comunicação. Se o conselheiro independente líder trabalhar sozinho, ele pode ter dificuldade de ser franco e aberto; por outro lado, alguém de fora do conselho pode pressionar o líder do conselho a ser mais específico. O CEO pode fornecer insights pontuais a cada membro do conselho e ao conselho como um todo. Evite usar papel; fica muito na cara e as pessoas não gostam disso.

Os CEOs podem ajudar os membros do conselho a melhorar seu desempenho definindo metas claras. Elena Botelho, da ghSMART, diz: "As pessoas mais eficazes e impressionantes se saem melhor quando sabem qual contribuição se espera delas". Os melhores CEOs evitam o microgerenciamento, o que ajuda os membros do conselho a se expressar abertamente nas reuniões. Um dos CEOs com quem Botelho trabalha estava prestes a perder um valioso membro do conselho. Ela ficou sabendo que aquele membro não tinha responsabilidades claras no conselho. Ela perguntou ao CEO: "No seu mundo ideal, como você gostaria que essa pessoa contribuísse no conselho?"

O membro do conselho era um especialista em fusões e aquisições, e a empresa estava intensificando sua estratégia de aquisições. Botelho e o CEO pediram ajuda ao membro do conselho nessa iniciativa, e este decidiu ficar. Botelho diz: "Antes, o membro do conselho se achava um figurante nas reuniões e, depois daquilo, passou a acreditar que pode realmente fazer uma diferença".

Ao avaliar o conselheiro independente líder, o foco da avaliação deve ser no desempenho passado e futuro do conselho como um todo. Recomendamos selecionar um grupo de três membros do conselho para definir as três ou quatro principais funções ou responsabilidades do conselho no próximo ano, bem como os planos do conselho para criar valor de longo prazo.

Os conselhos também podem fazer contribuições específicas e mensuráveis. Por exemplo, quando a administração da PepsiCo propôs várias aquisições que entrariam em conflito com estratégia de baixo teor de açúcar da empresa, o conselho as rejeitou. E, como vimos no

Capítulo 3, quando o CEO da Catalent hesitou, devido ao alto custo, em fazer o que viria a ser uma aquisição transformadora, o conselho recomendou seguir em frente e aumentar o lance. Essas contribuições pontuais para a geração de valor não são necessariamente atividades de rotina, mas são importantes. Os conselhos não fazem esse tipo de contribuição todos os dias nem todos os anos; pode levar dois ou três anos para surgir uma oportunidade. Mas elas também podem fazer parte da avaliação do conselheiro independente líder.

No fim do ano, o grupo de três membros do conselho avaliará o conselheiro independente líder com base no desempenho do conselho. Se o grupo decidir que o conselheiro independente líder foi ineficaz, o conselho pode orientá-lo para melhorar seu desempenho dependendo do problema — talvez desatenção durante as reuniões ou tender a ficar do lado de determinados membros do conselho contra os outros. Ou pode afastar o conselheiro independente líder do cargo.

Para que o processo de avaliação seja útil, a franqueza é fundamental. Os conselhos podem acreditar que têm excelentes membros com desempenhos espetaculares. Mas será que eles têm os talentos certos? Pode ser que sim ou pode ser que não. Michele Hooper, do Directors' Council, diz: "Temos que ser mais francos sobre quem compõe o conselho. Algumas pessoas usariam a palavra 'cruel'. Infelizmente, não temos tempo para adaptar e treinar nossos membros mais experientes do conselho para o século 21".

Renovando o conselho

Desse modo, os mandatos do conselho devem não apenas permitir que os membros desenvolvam proficiência, mas também garantir uma rotatividade regular para que a composição do conselho possa mudar de acordo com as condições do mundo externo. Anne Mulcahy, ex-CEO da Xerox, recomenda mandatos de sete anos para os membros do conselho, que podem ser renovados até duas vezes. A definição do mandato dissuadirá os membros de ficar mais tempo do que eles gostariam. Alguns deles podem estar querendo sair, mas temem que, se renunciarem, as pessoas pensarão que eles têm algum problema de desempenho, de modo que permanecem no cargo para manter sua reputação intacta. Um limite de mandato lhes dá uma saída.

Renovar o conselho é mais importante do que manter a continuidade da experiência. Jack Brennan, ex-CEO da Vanguard, concorda que os limites de mandato devem ser uma parte central da estrutura do conselho para forçar a renovação sem fazer da rotatividade algo pessoal. Ele diz: "O desafio é que a empresa enfrenta mudanças, as habilidades das pessoas decaem, suas experiências perdem a relevância. As pessoas dizem: 'Você perde a memória institucional'. Acho que é um preço baixo a se pagar para injetar sangue novo no conselho". Ele recomenda um conselho de dez pessoas abrindo duas ou três vagas a cada dois ou três anos.

Mas desaconselhamos uma idade de aposentadoria compulsória. É um instrumento grosseiro. Metade dos membros do conselho pode ser composta de pessoas que você gostaria de manter; a outra metade você pode desejar que tivessem saído cinco anos atrás. Algumas empresas descartam automaticamente os 10% inferiores dos membros do conselho com base em alguma classificação. Esse método é arbitrário e injusto. Não substitua uma boa capacidade de julgamento por regras.

Os conselhos podem reorganizar seus processos de renovação para facilitar a vida tanto dos que ficam quanto dos que saem. Ninguém gosta de constranger um colega e ninguém gosta de ser demitido, por mais que você tente dourar a pílula. Você vai precisar dominar o processo para manter o conselho sempre renovado.

Algumas empresas usam uma avaliação dos membros do conselho para justificar a renovação. Ivan Seidenberg, ex-CEO da Verizon, perguntava a cada membro do conselho qual dos colegas atuais eles escolheriam se a empresa mantivesse apenas sete. Ele descobriu que as listas de todos os membros do conselho eram quase idênticas. Na avaliação que se seguia, ele podia revelar a cada membro do conselho o resultado do levantamento e apresentar a decisão como sendo dos colegas. Para os que não foram incluídos na lista de favoritos, ele sugeriria que eles considerassem aposentar-se em dois anos. Esse processo evita constrangimento e inimizades, já que a recomendação resulta de um voto democrático. Desse modo, a recomendação é bastante subjetiva, mas o crowdsourcing dilui a responsabilidade.

Contratar uma consultoria para recomendar mudanças também pode facilitar o caminho para a renovação do conselho. Um consultor pode fazer um levantamento com todos os membros do conselho sobre o desempenho dos colegas, pedindo, ao final de uma entrevista, uma avaliação simples do tipo "aprovado ou reprovado". Qualquer membro do conselho que for reprovado por dois anos seguidos será afastado do conselho. Tome a decisão objetiva e definitiva e não a abra para discussão. É difícil implementar qualquer outro tipo de sistema de gestão de desempenho porque os membros do conselho não querem se indispor com os colegas. Pode ser que ninguém fale mal de ninguém por não querer que um colega seja demitido. Nesse caso, a culpa é do conselho como um todo.

No caso de novos membros do conselho, fique de prontidão para agir rapidamente se o desempenho for abaixo do esperado. Nossa recomendação: um membro do conselho tem quatro reuniões do conselho para se inteirar do que está acontecendo. (A exceção é o comitê de auditoria, que se encarrega do trabalho pesado na supervisão de riscos e cujo presidente deve ser proficiente desde o primeiro dia.) Se o novo membro do conselho não estiver tendo um bom desempenho, ofereça orientação. Se você não vir nenhum sinal de melhora depois de seis meses, dê início ao processo de pedir ao membro do conselho para sair. O cargo é importante demais para o crescimento de longo prazo da empresa para desperdiçar tempo.

Substituir um membro do conselho sem alarmar os outros requer um toque de delicadeza. Pedir a um deles para sair por não estar contribuindo ou porque as necessidades da empresa mudaram é difícil, mas não é a parte mais difícil de afastar um membro do conselho. Raj Gupta, da Delphi Automotive, diz: "Nesse ponto, o mais importante não é o membro do conselho que você está pedindo para sair. Ele já está fora. É como os outros veem isso, para não começarem a pisar em ovos e se policiar o tempo todo. Você não quer isso de um conselho". Em vez de pedir aos membros para sair imediatamente, Gupta recomenda oferecer a eles um tempo para sair, para ninguém se sentir pressionado.

Você pode estabelecer as bases para a rotatividade criando expectativas. Vários anos atrás, Mary Barra, da GM, decidiu que, embora fossem líderes espetaculares, dois membros do conselho não tinham as habilidades e a experiência das quais a GM precisaria nos próximos anos. Ela diz: "Sem lhes faltar ao respeito, conversamos abertamente com eles sobre o direcionamento futuro da empresa. O fato de a pessoa não ser certa para o cargo não é nada pessoal, seja para um membro do conselho ou um líder sênior da empresa. Se você puder estabelecer uma base nesses termos, as conversas difíceis ficam um pouco mais fáceis". Em 2015, para atender às necessidades futuras de conhecimento técnico, a GM nomeou Linda Gooden, ex-vice-presidente executiva da Lockheed Martin, para o conselho devido a sua robusta experiência em engenharia. Hoje ela preside o comitê de segurança de TI.

A maior vantagem da abordagem adotada pela Verizon, Vanguard, Delphi e GM em comparação com o afastamento imediato é que a janela de dois anos dá tempo para o planejamento. Os membros do conselho que estão para sair podem avisar os amigos que estão em busca de mudar para outro conselho. E o comitê de nomeação e governança do conselho terá tempo para preencher as vagas e poderá começar a identificar candidatos com base em informações sobre as mudanças no mercado, tecnologia e concorrência. Tanto o processo de autoavaliação quanto a opinião da administração sobre os planos da empresa para o longo prazo serão cruciais para decidir quais habilidades buscar nos novos membros do conselho.

Remuneração: como pagar o conselho

O principal objetivo de uma política de remuneração do conselho é garantir o alinhamento de longo prazo entre os interesses dos membros do conselho e dos acionistas. Na época em que a remuneração do conselho era em grande parte em dinheiro, seus membros não eram pressionados a representar os acionistas. Hoje, a maioria das grandes empresas remunera os membros do conselho com uma combinação de 50% em dinheiro e 50% em ações preferenciais, com uma variedade de períodos de opção de compra das ações.

O importante é ser flexível; não existe uma receita de bolo aplicável a todos os casos. Mas o melhor modelo exigirá que os membros do conselho invistam por três a cinco anos, com a opção de receber toda a remuneração em ações. Somos a favor de dar aos membros do conselho mais ações do que dinheiro e exigir que eles invistam seu próprio dinheiro na empresa. Essa abordagem dará a eles um incentivo pessoal para gerar valor para o acionista de longo prazo. E reforçará o objetivo de gerar crescimento focando o talento, a estratégia e o risco.

Há muitas variações desse tema, todas com o objetivo de melhorar o alinhamento entre a remuneração acionária do conselho e dos acionistas. Uma opção é que, ao ingressar no conselho, um membro do conselho receba uma concessão de ações antecipada de dez anos com a opção de compra de ações todos os anos. Em vez de um pagamento anual de US$ 150 mil, ele receberia US$ 1,5 milhão ao entrar no conselho e teria um grande incentivo para fazer esse investimento crescer. Também pode ser interessante conceder prêmios em ações que ele não poderá vender por vários anos depois de deixar o conselho. Essas duas medidas manterão os membros do conselho pensando em longo prazo — um exemplo de como o novo manual do conselho pode reforçar os objetivos do novo TSR.

Além de não ajudar a incentivar o alinhamento com os acionistas, a remuneração excessiva em dinheiro pode distorcer o comportamento dos membros do conselho e atrair o tipo errado de conselheiro. Em sua carta aos acionistas de 2019, Warren Buffett escreveu: "A remuneração dos membros do conselho subiu a um nível que inevitavelmente faz do pagamento um fator subconsciente que afeta o comportamento de muitos membros não abastados. Pense, por um momento, no membro que ganha entre US$ 250 mil e US$ 300 mil para passar algumas horas agradáveis em reuniões do conselho umas seis vezes por ano. É comum um cargo no conselho conferir ao seu titular três a quatro vezes a renda média anual das famílias americanas".

Os membros do conselho devem se dispor a investir em ações da empresa. Quando seu próprio dinheiro está em risco, o imperativo de impulsionar a valorização em longo prazo será ainda maior. Várias empresas da *Fortune 500* incentivam esse investimento, mas não o exigem. Em vez disso, elas exigem que os membros do conselho detenham ações em algum múltiplo de sua remuneração anual durante um determinado número de anos, geralmente cinco. Os membros não precisam desembolsar dinheiro de cara; eles podem atingir a meta optando por receber toda sua remuneração em ações. Esse modelo possibilita uma maior diversidade de idade, experiência e renda ao abrir o conselho para pessoas não muito ricas.

Os incentivos são tão importantes quanto o risco. Quando os membros do conselho recebem parte da remuneração em ações ou compram ações com seu próprio dinheiro, eles fazem mais do que assumir um risco. Eles também ganham uma chance de obter uma recompensa maior do que a compensação em dinheiro lhes daria, incentivando o pensamento em longo prazo.

Pense em um membro do conselho que recebe uma remuneração de US$ 400 mil e opta por ter tudo em ações, que ele pode manter por dez anos. Se o preço das ações subir, o ganho acumulado será bem alto, sobre o qual o membro do conselho paga pelos ganhos de capital. Se ele recebesse uma remuneração em dinheiro, teria de pagar impostos de curto prazo todos os anos; se ele investisse o restante em equivalentes, o retorno de longo prazo seria muito mais baixo. E, se o investimento estimular o membro do conselho a buscar ideias para melhorar a competitividade da empresa, o retorno será ainda maior.

Essa mentalidade cria o próprio efeito multiplicador. Ao recrutar novas pessoas para o conselho, os membros do conselho procurarão candidatos mais propensos a gerenciar talentos, estratégias e riscos para criar valor de longo prazo — com o potencial de aumentar o múltiplo de seu próprio investimento. Considerando que uma boa gestão tem a ver com a criação de círculos virtuosos, não deixe de adotar um esquema de remuneração como esse.

CHECKLIST PARA CRIAR UM EXCELENTE CONSELHO

- Evite nomear muitos membros do setor para o conselho para evitar a miopia e o pensamento de grupo.
- Faça uma busca bem abrangente de expertise digital para incluir em seu conselho membros informados sobre as mudanças em setores adjacentes.
- Recrute pelo menos um membro do conselho com experiência em private equity que seja versado nos métodos de criação de valor dos modelos de geração de dinheiro.
- Procure amplitude de visão nos candidatos à liderança do conselho e só depois considere as habilidades.
- Tome cuidado com as tentativas da administração de encher o conselho de marionetes.
- Procure pelo menos dois membros do conselho com experiência atuando como CEO para ter pessoas no conselho que conheçam as pressões do cargo.

- Assegure-se de ter um conselheiro independente líder forte para focar a discussão e organizar a ação.
- Use entrevistas pontuais, em vez de questionários, para avaliar os membros do conselho.
- Avalie o conselheiro independente líder de acordo com o desempenho do conselho como um todo.
- Exija que os membros do conselho invistam na empresa, seja diretamente ou por meio da remuneração que recebem pelos serviços prestados.

Capítulo 5
REDESENHE OS COMITÊS DO CONSELHO

No cumprimento de suas responsabilidades, o conselho tem uma grande restrição: o tempo. Em geral um conselho se reúne por apenas cinquenta horas por ano — nem de longe tempo suficiente para desenvolver a profundidade de conhecimento necessária para supervisionar o talento, a estratégia e o risco da empresa. Como parte de seu novo manual, o conselho deve elevar o trabalho de seus comitês para que os membros possam se aprofundar e lidar com suas responsabilidades.

Essa maneira de trabalhar está mais próxima da maneira como as empresas de capital fechado funcionam, pois ajudam o CEO a criar valor de longo prazo. Na verdade, redesenhar os comitês para o novo TSR transformará a maneira como o conselho e o CEO colaboram. É por meio dos comitês que o conselho pode estabelecer melhor sua relação de trabalho com o CEO.

Os comitês podem facilitar a qualidade, a profundidade e a informalidade do diálogo. Seu tamanho e foco podem ajudar os membros do conselho a explorar ideias com o CEO, construir relacionamentos e reforçar a confiança mútua. Eles possibilitam um diálogo franco e permitem que membros do conselho e a administração expressem diferentes pontos de vista sem magoar ninguém. Essa dinâmica ajudará o CEO a ter sucesso.

A estrutura de comitês também pode ajudar os stakeholders externos a entender o trabalho do conselho. Ron O'Hanley, da State Street, diz: "A primeira coisa que analisamos é como o conselho supervisiona o processo de aquisição e desenvolvimento de talentos, o processo de estratégia e o processo de risco. Como o conselho intervém? Especificamente no caso da estratégia, os conselhos não têm como dedicar tempo suficiente. Os conselhos são tão ocupados por várias razões diferentes que a estratégia sempre é empurrada para o fim da reunião ou para o encontro estratégico anual do conselho". Uma divisão do trabalho resolverá esse problema.

Propomos que o conselho se reformule em torno de dois novos comitês: o comitê de talentos, remuneração e execução, que supervisionará o recrutamento e a remuneração da alta administração e monitorará seu desempenho; e o comitê de estratégia e risco, que terá como principal responsabilidade eliminar a assimetria de informações entre o conselho e a administração. Cada um desses comitês deve ter quatro ou cinco integrantes; três deles devem ser membros independentes do conselho. Os dois comitês também devem ter um membro do conselho em comum.

Para gerenciar tendo em vista o novo TSR, os membros do conselho precisam de conhecimento. Eles também precisam de tempo para pensar e refletir. Para lhes dar esse tempo, o conselho deve fazer bom uso de seus comitês, sendo que cada um deve poder se aprofundar nas questões relacionadas a seus briefings específicos. (Veja a Figura 5-1.)

Figura 5-1

O novo manual para a criação de valor: comitês

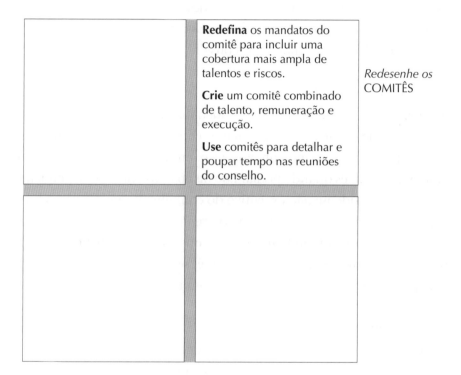

Organização dos comitês

Para que os comitês sejam eficazes, seu trabalho deve ser definido com clareza. Alguns comitês já sabem claramente quais são suas responsabilidades e linhas de comunicação. O papel do comitê de auditoria é em grande parte estruturado por leis e regulamentações. E, como o comitê de auditoria deve se relacionar com auditores internos e externos, a colaboração entre eles já é bem estabelecida.

Para outros comitês, o conselho deve se empenhar para esclarecer a profundidade e o foco do trabalho. Ainda mais importante, para colaborar bem com a administração, os comitês devem ter o cuidado de ser independentes dela. Para atingir essas metas, o presidente de cada comitê deve assumir uma forte posição de liderança. Hoje em dia, os presidentes dos comitês raramente buscam desenvolver suas próprias fontes de análise, expertise ou até de opinião. Essa situação precisa mudar.

Além de dar aos membros do conselho o tempo e os recursos dos quais precisam para fazer seu trabalho, a estrutura de comitês pode ajudar o conselheiro independente líder a ser mais eficaz e se informar melhor. Em 2019, um de nós (Carey) identificou sete empresas da *Fortune 500*, incluindo a Phillips 66, nas quais o conselheiro independente líder atuava, por obrigação inerente ao cargo, em todos os comitês, participando de reuniões quando podia. Isso dá ao conselheiro independente líder ou ao presidente não executivo do conselho uma ideia das deliberações dos comitês antes de serem apresentadas ao conselho como um todo. Também recomendamos que o conselheiro independente líder ou um dos outros presidentes de comitê, selecionados de forma rotativa, participe de todas as reuniões do comitê, o que facilitará a seleção e a avaliação dos presidentes de comitê.

O conselheiro independente líder deve ser responsável por nomear os presidentes dos comitês e também deve avaliar seu desempenho anualmente. Ele deve ainda criar um plano de sucessão para os presidentes e transferir os membros do conselho a vários comitês para lhes dar uma perspectiva da empresa como um todo. Considerando que eles têm mais responsabilidades e mais demandas sobre seu tempo, recomendamos pagar mais aos presidentes dos comitês do que aos outros membros do conselho — talvez US$ 75 mil a mais por ano.

Como parte de seu briefing, cada comitê deve avaliar a administração e compartilhar suas conclusões com todo o conselho na sessão executiva — concentrando-se em possíveis pontos de melhoria da administração e questões sobre as quais o conselho pode oferecer coaching. Por sua vez, o CEO e a equipe de gestão devem avaliar cada um dos comitês para ajudar a decidir quais agregam valor e quais não agregam.

Os comitês devem ter um plano claro de doze meses para seu trabalho e suas metas e devem manter o conselho atualizado sobre a pauta de suas reuniões ao longo do ano. Essa comunicação é essencial para garantir que o conselho se mantenha totalmente informado ao tomar decisões cruciais, como a seleção do CEO, decisões de fusão e aquisição, planos de estrutura de capital, alocação de recursos para o crescimento futuro e *trade-offs* entre objetivos de curto e de longo prazo — todas decisões que estão no centro da gestão para o novo TSR.

Comitê de talentos, remuneração e execução

Esse comitê será encarregado de supervisionar funções-chave com as quais a maioria das empresas lida separadamente — mas que deveriam ser coordenadas.

Talentos

O papel mais importante do comitê é saber como a empresa precisará mudar seu mix de competências para o longo prazo e identificar os caminhos para melhorar os talentos à medida que as condições mudam. Um exemplo seria uma empresa cuja especialidade é engenharia mecânica, mas que precisa redirecionar seu foco para a engenharia de software.

O comitê também deve se preparar para a sucessão do CEO. Deve identificar e aprender o máximo que puder sobre os candidatos a CEO da segunda e da terceira geração e suas trajetórias profissionais. Olhando mais adiante, o comitê deve identificar candidatos a CEO de diferentes faixas etárias, bem como candidatos a outros cargos seniores essenciais, como o diretor financeiro e o diretor de recursos humanos. Os candidatos a esses cargos devem ser preparados para as necessidades futuras da empresa.

Além de conhecer em profundidade a qualidade e a força da equipe de gestão da empresa, o comitê também deve mapear continuamente executivos de outras empresas. Por exemplo, o comitê deve conhecer os três principais diretores financeiros do setor para o caso de o diretor financeiro da empresa sair e deve acompanhá-los como se fossem jogadores de futebol. Tanto que faz sentido o comitê aplicar os princípios de recrutamento de times esportivos à sua equipe executiva.

Remuneração

A compensação e os critérios usados para determiná-la orientam o comportamento, o foco e a orientação de quase todos os seres humanos. Nas empresas, a remuneração é a alavanca capaz de determinar o comportamento dos quinze ou vinte executivos mais importantes enquanto eles decidem o equilíbrio certo entre objetivos de curto e de longo prazo.

Ter um comitê de remuneração também é uma exigência legal. Uma das principais funções desse comitê é estabelecer os princípios que orientam a política de remuneração. Para fazer isso, os membros do conselho devem se aprofundar no negócio da empresa e em seu mercado competitivo. Devem basear sua política não no desempenho passado, mas nas inovações relevantes para o desempenho agora e no futuro.

As empresas de capital aberto devem se empenhar mais para fechar a lacuna com as empresas de private equity no que diz respeito à maneira como remuneram os funcionários-chave. Todos os comitês de remuneração das empresas de capital aberto usam consultores externos. As empresas de private equity também fazem isso, mas usam ferramentas mais eficazes para recompensar o desempenho excepcional. Uma empresa de private equity pode distribuir opções ou ações extraordinárias aos executivos por um determinado nível de realização e, se alguém estiver tendo um desempenho abaixo do esperado, a empresa pode reduzir a remuneração ou até demitir a pessoa.

O comitê pode ajudar o conselho a manter o controle sobre a remuneração da empresa. Quando o comitê conhece os talentos da empresa, o CEO terá dificuldade de se esquivar das avaliações do comitê. Ao aprofundar seu conhecimento e desenvolver um banco de dados sobre os talentos tanto dentro da empresa quanto nos concorrentes, o comitê desenvolverá a expertise necessária para representar os acionistas.

Execução

Um papel crucial desse comitê será monitorar o desempenho ao longo do tempo para entender as causas do fracasso e do sucesso em cada uma das linhas de negócios da empresa. O comitê terá o poder de obter dados externos sobre a concorrência e o mercado e comparar o desempenho da empresa com o dos concorrentes. Também terá o poder de decidir quais serão as medidas de desempenho.

O comitê deve fazer essa análise com transparência e com o conhecimento do CEO. O trabalho deve ser colaborativo. O objetivo é ajudar o CEO e identificar comportamentos inaceitáveis por parte da administração, por exemplo, unidades que antecipam resultados de períodos futuros para atingir as metas trimestrais ou que reduzem custos com publicidade apenas para conter os gastos correntes. Em outras palavras, o comitê ajudará o CEO a realizar uma auditoria da cultura.

O comitê também deve apoiar o CEO e absorver a pressão dos acionistas quando a empresa não atingir suas metas trimestrais, mantendo o equilíbrio certo entre as metas de curto e de longo prazo. Um comitê pode atingir esse objetivo, ao passo que o conselho como um todo não pode. O conselho simplesmente não tem tempo para isso. Pode acontecer de a natureza informal da colaboração entre os comitês e o CEO encorajar um membro do conselho a tentar administrar a empresa, mas basta ficar atento a isso.

Ed Garden, da Trian Partners, argumenta que o comitê de remuneração é o mais importante do conselho por ter o poder de influenciar o comportamento da administração, o que implica monitorar a execução dos planos da empresa. Ele diz: "Vimos muitas situações nas quais as empresas estavam com um desempenho ruim, mas a administração recebia uma fortuna em remuneração".

Por exemplo, a Trian recentemente analisou os números de uma grande empresa da qual se tornou um dos principais acionistas. Garden diz: "A equipe de gestão deixava de atingir suas metas e apresentava um desempenho inferior em relação aos concorrentes e mesmo assim recebiam uma remuneração acima da média. E você fica se perguntando: como assim? Como o comitê de remuneração pôde deixar isso acontecer?"

Por essa razão, Garden participa do comitê de remuneração de todos os conselhos nos quais atua. Ele diz: "Sempre digo aos outros membros do conselho, à administração e aos outros acionistas que não temos nada contra pagar muito dinheiro à administração se eles expandirem o negócio e fizerem isso do jeito certo. Mas o que nos recusamos a fazer é pagar as pessoas só para irem trabalhar".

Nessas circunstâncias, cabe ao comitê de remuneração responsabilizar a administração. Quando a administração apresenta ao conselho comparações de desempenho ou de orçamento em relação ao ano anterior, é raro apresentar essas comparações também em relação à concorrência, e os membros do conselho não têm tempo para se aprofundar e fazer as perguntas certas. Na verdade, apenas alguns membros do conselho terão alguma pergunta a fazer e provavelmente só farão perguntas pontuais e esparsas. Ninguém quer constranger a administração.

Essa mentalidade precisa mudar. O comitê deve desenvolver um profundo conhecimento sobre as operações da empresa para que o conselho como um todo esteja mais bem preparado para entender as apresentações da administração, com base em dados tanto de dentro da empresa quanto do mercado. Com isso, o comitê ajudará a equipe de gestão a melhorar.

Por exemplo, digamos que o lançamento de um produto tenha sido melhor do que o esperado. O comitê deve perguntar ao CEO sobre as pessoas que supervisionaram o lançamento. Como a empresa está remunerando essas pessoas? Com isso, o comitê terá um conhecimento mais concreto sobre os principais talentos da empresa. Ou digamos que o design de um produto foi um fracasso. Por que isso aconteceu? Se o gestor puder responder a essa pergunta, o comitê sabe que esse gestor é capaz de entender e explicar por que algo deu errado. O trabalho de vincular a execução com os principais talentos e sua remuneração pode ser feito em cenários como esses.

Esse comitê deverá reunir-se trimestralmente. Se os membros do conselho do comitê avaliarem o desempenho quatro vezes por ano, eles desenvolverão um profundo conhecimento do negócio. E esse conhecimento dará à empresa uma vantagem competitiva. O conselho deve fazer um levantamento anual com a administração para avaliar o comitê e demonstrar sua utilidade.

O conselheiro independente líder deve presidir esse comitê. O melhor candidato costuma ser um ex-CEO — alguém que tenha experiência com transições.

Comitê de estratégia e risco

A principal função do comitê de estratégia e risco será avaliar as opções estratégicas e modelos de negócios alternativos. Essas opções incluem a definição de metas e objetivos; a vantagem competitiva da empresa e sua vida útil aos olhos dos clientes; as possibilidades de adaptação caso as condições mudem; e as capacidades das quais a empresa precisará para o futuro e as que ela pode descartar.

Para fazer seu trabalho, o comitê deve buscar fontes independentes de informação — dados sobre tendências externas, cenários futuros e a concorrência — e deve fazer isso com o conhecimento e a ajuda do CEO. Jeffrey Ubben, da ValueAct Capital e da Inclusive Capital Partners, diz: "A estratégia faz parte da responsabilidade do conselho como um todo, mas não pode ser feita pelo conselho todo. O comitê precisa preparar o terreno para o conselho devido à profundidade do trabalho necessário para entender o mercado externo, a concorrência, os indicadores-chave de desempenho e o equilíbrio entre as metas de curto e de longo prazo". O presidente do comitê de estratégia pode ser um membro do comitê de remuneração e vice-versa, para que a comunicação seja franca, direta e sem filtros.

Com isso, o comitê pode se informar sobre os projetos e as inovações que construirão o futuro bem como os recursos necessários — a alocação de fundos e de pessoas para essas iniciativas. É aqui que o comitê pode avaliar os riscos e suas possíveis causas, como a relação entre liquidez e dívida ou o fracasso de uma aquisição, bem como possíveis benefícios, como um risco que aumenta o valor de mercado da empresa por meio de aquisições ou novos projetos.

Quando esses problemas surgem, o presidente do comitê pode pedir à administração para apresentá-los para revisão. O comitê pode, então, buscar ajuda externa para analisá-los. Ao rever a estratégia todo trimestre, um comitê de quatro ou cinco membros com um bom presidente pode ter uma boa visão de futuro sobre a alocação de recursos, a construção do futuro e o risco.

Sobre a composição do comitê, pelo menos um ou dois membros deve ser de fora do setor. Se a empresa tiver um comitê de tecnologia, deve ter um membro em comum com o comitê de estratégia e risco. Pessoas do setor terão pontos de vista que refletem a experiência da empresa. Já as pessoas de fora do setor contribuirão com uma visão não contaminada. A diversidade fará uma grande diferença aqui — diversidade de propensão ao risco, de experiência e de habilidades. O comitê de estratégia também deve perguntar se a equipe de gestão tem uma perspectiva diversificada e novas pessoas capazes de dar uma agitada nas coisas.

Por exemplo, em 2014, a Providence Health de Seattle recrutou um importante executivo da Amazon, Aaron Martin, um gestor sênior da divisão Kindle. Na Providence, ele atuaria como o vice-presidente sênior de estratégia e inovação e supervisionaria o trabalho em tecnologias algorítmicas e outras tecnologias relacionadas. A empresa também o convidou para participar de reuniões da liderança executiva e o encorajou a fazer perguntas e sugestões que contestassem a mentalidade da equipe existente. E foi o que ele fez, sem medo de especialistas da área da saúde acharem que ele estava fazendo perguntas idiotas.

As perguntas que ele fez começaram a mudar a mentalidade da equipe de liderança e ajudaram a Providence a adotar a perspectiva de um player digital. Desde então, a Providence deu grandes passos em direção à sua transformação em uma empresa de dados, alinhando-se com a Microsoft e a Amazon por meio de aquisições de grandes bancos de dados e formando alianças para obter dados de clínicas e médicos. Atualmente, Martin é diretor da divisão digital e atua no comitê de estratégia do conselho. A lição: às vezes você precisa trazer um disruptor para fazer perguntas "idiotas" quando a liderança executiva não estiver conseguindo ver as possibilidades.

Depois de um tempo de colaboração, as apresentações do comitê de estratégia ao conselho devem evoluir. Em vez de apresentar um plano quinquenal cheio de números, eles começarão a apresentar objetivos claros. Eles oferecerão uma avaliação de opções, risco, implementação e vantagem competitiva com base em fatores externos — dados de mercado, informações de clientes, tendências tecnológicas, novos players do setor. Apresentações focadas ajudarão o conselho a fazer boas perguntas sobre os projetos que a empresa está buscando realizar para construir o futuro.

O comitê de estratégia e risco deverá ter um membro em comum com o comitê de talentos, remuneração e execução, o que ajudará a criar valor e equilibrar as metas de curto e de longo prazo.

Comitê de auditoria e comitê de nomeação e governança

Esses dois comitês tradicionais são obrigatórios por lei, mas também ocupam um lugar delicado entre o conselho e a administração, de especial importância neste momento de rápidas mudanças e ameaças financeiras.

O comitê de auditoria faz o trabalho pesado supervisionando o risco financeiro. Tem a autoridade para tomar decisões e seu trabalho é avaliado abertamente, lhe dando uma *accountability* clara. Conta com auditores externos, por meio dos quais o comitê tem acesso a fontes externas e independentes de informações, ajudando a corrigir o déficit de informações do conselho em relação à administração.

O comitê de auditoria também é um dos comitês que mais exigem de seus integrantes. Maria Erdoes, da J.P. Morgan Asset & Wealth Management, descreve muito bem os requisitos. Ela diz: "Como presidente do comitê de auditoria, você já tem um dos trabalhos mais penosos, recebendo montanhas de documentos todos os meses para analisar. E o comitê de auditoria se reúne com mais frequência do que o resto do conselho. Eles precisam avaliar todas as linhas de negócios e todas as auditorias. Então estamos falando de um trabalho enorme, em período integral, especialmente para o presidente desse comitê".

Os membros do comitê de auditoria também precisam passar um bom tempo na estrada para se familiarizar com as operações da empresa. Na J.P. Morgan, Erdoes diz que o presidente do comitê de auditoria viajava para uma operação diferente quase todo mês. Nas palavras dela: "Ele ia ao Japão e conduzia fóruns com os funcionários de lá. Depois se reunia com os legisladores japoneses. Nem todo membro do conselho tem tempo para fazer isso, dependendo do seu estágio de vida, mas, quando têm esse tempo e essa disposição, eles dão uma ajuda absurda à empresa". Ao nomear o presidente do comitê de auditoria, procure alguém que possa se dedicar nesse patamar.

Em um aspecto, o comitê de nomeação e governança é o comitê central do conselho: o recrutamento e a demissão de membros do conselho e a organização do conselho e de seus comitês estão todos dentro de sua alçada. De preferência, esse comitê terá quatro integrantes, todos membros independentes do conselho. Preferimos que cada integrante seja o presidente de outro comitê, o que garantirá que o comitê tenha as informações relevantes sobre todo o trabalho do conselho.

O presidente do comitê de nomeação e governança é de vital importância porque cabe a esse comitê decidir a estrutura de liderança do conselho. Assim como o conselho se prepara para a sucessão da administração, esse comitê deve se preparar para a sucessão de sua própria liderança, além da liderança dos demais comitês e do conselho como um todo. Deve procurar membros do conselho antes de precisar deles, usando sua própria rede de contatos, as redes de outros membros do conselho, além do CEO e de headhunters. E precisa se planejar com pelo menos três anos de antecedência para ter tempo de atrair as pessoas certas para o conselho.

Se não atingir suas metas de recrutamento de forma a agregar valor, a rede informal de membros do conselho leais ao CEO tentará assumir o papel do comitê. E, se a administração escolher os membros do conselho, o conselho perderá o controle de sua independência. Para evitar essa situação, o comitê precisará ter a coragem de tomar as decisões certas, estabelecer os processos certos e alterá-los à medida que as condições mudam.

O papel do comitê de nomeação e governança é cada vez mais importante. Ao lado do comitê de auditoria, responsável por supervisionar a gestão da liquidez, o comitê de governança está no centro de uma das danças mais delicadas com a administração e que será vital na era pós-pandemia.

Na maioria das circunstâncias, há uma linha clara entre o CEO e o conselho, dividindo suas responsabilidades distintas. Para o conselho, a linha significa que seus membros não devem fazer incursões no território da administração e tentar administrar a empresa.

Mas algumas funções do conselho cruzarão a linha. Por exemplo, a administração pode optar por focar a eficiência — otimizando a utilização dos recursos para criar valor de longo prazo. Já o conselho se concentrará na resiliência — aumentando a capacidade de sobrevivência em tempos de estresse e, desse modo, orientando a administração sobre as mudanças necessárias nas prioridades e na alocação de capital. E, ao fazer isso, o conselho inevitavelmente cruzará a linha.

Nesse caso, o conselho não pode deixar de cruzar a linha porque deve responder pelas prioridades e pela alocação de capital em tempos de risco. Os dez maiores investidores farão perguntas ao conselho sobre essas questões. Por exemplo, eles perguntarão: quais prioridades vocês estão definindo? O que vocês estão fazendo para aumentar a resiliência? Qual é o seu processo de alocação de capital? Se vocês estiverem em desacordo com o CEO, como resolverão isso?

Uma mudança nas prioridades e na alocação de capital pode exigir uma mudança nos indicadores-chave de desempenho e nos incentivos para a administração. Os indicadores-chave de desempenho para a resiliência serão muito diferentes dos usados para medir a eficiência. Essa diferença existe porque os objetivos são diferentes. Se o seu objetivo for a eficiência, você terá como objetivo maximizar o desempenho dos ganhos por ação. Se alterar sua meta para enfatizar a resiliência, deverá maximizar o desempenho para obter liquidez. (Lembrando que o novo equilíbrio dos indicadores de desempenho também exigirá coordenação com os comitês de estratégia e remuneração.)

A resiliência passa a ser uma prioridade para a continuidade do negócio quando a volatilidade é alta ou diante de imprevistos, como no caso de resultados negativos inesperados. Nessas circunstâncias a empresa deve evitar assumir muitas dívidas ou correr muitos riscos e deve abster-se de tentativas de maximizar os ganhos beirando os limites da lei.

Em outras palavras, a necessidade de aumentar a resiliência é uma resposta à constante incerteza, que pode trazer uma volatilidade profunda, chegando sem aviso prévio e de várias formas — um ato de terrorismo, um colapso financeiro, uma pandemia. Ao supervisionar as decisões sobre a liquidez e ao determinar as linhas de demarcação entre o conselho e a administração em um momento de grande volatilidade, os comitês de auditoria e de nomeação e governança devem atualizar constantemente o conhecimento e a expertise do conselho, certificando-se de que ele tenha os integrantes certos para as demandas atuais e o equilíbrio certo entre recompensa e risco financeiro.

Comitês de segurança de TI, *ad hoc* e temporários

O conselho deve ter flexibilidade para criar e dissolver comitês conforme as necessidades da empresa mudam. Por exemplo, a Wendy's criou um comitê de tecnologia quando estava se transformando de uma empresa de fast-food padrão em uma empresa com uma plataforma de pedidos digital que seria essencial para suas operações. A empresa precisava de ajuda nessa transformação. Ao criar um comitê de tecnologia, a Wendy's teve de analisar se tinha membros do conselho capazes de entender as necessidades tecnológicas da empresa. A alternativa seria criar um comitê ou recorrer a um grupo consultivo de fora.

Falando sobre os desafios da empresa, Ed Garden, da Trian, diz: "Nós detínhamos mais de 20% da Wendy's e dissemos à equipe de gestão deles: 'Vocês podem vender hambúrgueres para viver, mas não se enganem, vocês são uma empresa de tecnologia'. O MobilePay, os pedidos por celular, o iPhone... essas coisas mudaram tudo no nosso negócio. Então por que não trazer uma expertise em tecnologia? E, a propósito, essas pessoas tendem a ser mais jovens e provavelmente não têm o currículo que uma empresa de headhunting costuma ter em seus bancos de dados".

Um comitê de tecnologia pode ser temporário ou tornar-se permanente, dependendo da evolução da tecnologia relevante e das necessidades futuras da empresa. A composição do comitê e seu trabalho também podem mudar com o passar dos anos.

Muitas empresas costumavam ter comitês operacionais ou executivos do conselho, mas a maioria abandonou a prática porque os membros do conselho não gostavam da estrutura resultante de dois níveis do conselho. Não descarte a ideia de cara; às vezes as circunstâncias podem exigir essa abordagem. Em vez disso, uma opção cada vez mais popular é usar uma força-tarefa temporária do conselho. Recentemente, a Vanguard se valeu dessa abordagem para ajudar a decidir sua estratégia em um novo país e usou outra força-tarefa para desenvolver um produto para um mercado que alguns dos membros de seu conselho conheciam profundamente.

As empresas também estão usando comitês *ad hoc* para lidar com mudanças rápidas em seus perfis de risco, principalmente no que tange à tecnologia. Ainda mais do que a vulnerabilidade a um ataque de hackers para roubar informações pessoais dos clientes, o que tira o sono dos CEOs à noite é o risco de uma violação catastrófica dos próprios produtos, à medida que as empresas integram mais componentes eletrônicos em seus produtos e os conectam à internet. O CEO de uma famosa corporação da *Fortune* 50 diz: "No começo, quem lidava com isso era o nosso comitê de risco, mas decidimos ter um comitê de segurança de TI específico por um tempo".

Desse modo, para muitas empresas, a formação de comitês será fluida, com alguns comitês sendo desfeitos e outros sendo montados. Uma empresa sempre precisará de novos talentos no conselho, assim como em seus cargos de alta administração, porque a estratégia deve mudar à medida que o ambiente de negócios muda; caso contrário, a empresa correrá um risco significativo. À medida que surgem novos riscos e estratégias, novos comitês também devem ser formados.

CHECKLIST PARA REDESENHAR OS COMITÊS DO CONSELHO

- Atribua responsabilidades cruciais aos comitês do conselho para equilibrar a assimetria de informações em relação à administração.
- Deixe o conselheiro independente líder atuar, por obrigação inerente ao cargo, em todos os comitês e nomear os presidentes dos comitês.
- Use comitês para colaborar com o CEO e a equipe de gestão em um ambiente informal.
- Garanta que cada comitê tenha uma agenda clara para doze meses e que ela seja compartilhada com o conselho todo.
- Garanta que o conselheiro independente líder ou um dos presidentes de comitê participe de todas as reuniões do comitê.
- Reformule o comitê de remuneração para incluir a responsabilidade pelos talentos e pela execução.
- Dê ao comitê de estratégia e risco a responsabilidade primária de superar a assimetria de informações entre o conselho e a administração.
- Garanta que os candidatos ao comitê de auditoria tenham tempo para investir no cargo.

Capítulo 6
DIVERSIFIQUE AS INFORMAÇÕES

Um conselho não tem como trabalhar sem informações. Reduzir a assimetria das informações entre o conselho e a administração é indispensável para a missão do conselho de supervisionar talento, estratégia e risco.

Para supervisionar o talento, o conselho deve conhecer profundamente as pessoas que estão definindo as prioridades da empresa para hoje e que definirão os planos para o futuro. Fazer isso significa conhecer as habilidades dos membros atuais da equipe, a força de seu pool como uma possível fonte para a próxima geração de líderes e o mercado de talentos fora da empresa.

Para supervisionar a estratégia, os membros do conselho devem saber o suficiente sobre as tendências do setor para orientar a empresa no caminho do crescimento de longo prazo. Eles devem aprender os meandros de cada uma das linhas de negócios da empresa para poderem ajudar a administração a tomar decisões informadas sobre em quais delas investir e em quais desinvestir ou quando ir em frente com uma fusão ou aquisição e quando rejeitar uma oferta.

Para supervisionar o risco, o conselho deve ter uma boa ideia dos perigos atuais do mercado e das vulnerabilidades da empresa a forças que podem chegar a ameaçar sua existência. O conselho também deve ser capaz de julgar o nível de risco que vale a pena aceitar para promover o crescimento de longo prazo.

Todas essas funções requerem que os membros do conselho tenham informações não mediadas pela administração; sem isso, eles não terão uma perspectiva clara do que o CEO lhes diz. E, mesmo se cada membro for independente em termos de mentalidade, valores e coragem, o conselho como um todo não pode ser independente sem ter as próprias fontes de informação, especialmente as externas à organização. A independência das informações — suas fontes, seleção, formato, atualização, frequência — é a base para a independência de opiniões, intuição, pensamento e ação.

Esse imperativo não é sobre bancos de dados ou grandes volumes de informações. É sobre o acesso às informações que importam — dados relevantes para os negócios da corporação e que abrangem variadas abordagens de governança, desde as conservadoras até as arrojadas. As informações também devem embasar o pensamento estratégico de diferentes perspectivas, o que requer não apenas diversidade de idade, gênero, etnia e experiência no conselho como também diversidade de fontes. E, como o cenário da informação está mudando com tanta rapidez, os conselhos devem manter-se sempre atentos às novas tecnologias e técnicas de análise. Para isso os membros do conselho precisam ser capazes de cristalizar um grande número de informações em declarações qualitativas.

A independência das informações é importante tanto para os comitês quanto para o conselho como um todo. Como vimos, o diálogo franco e aberto e a capacidade de deixar o ego de lado são mais fáceis em grupos de quatro do que em grupos de dez, e a informalidade da discussão que se segue ajuda a gerar novas ideias. Assim, a colaboração mais profunda entre gestores e membros do conselho ocorrerá nos comitês. No contexto dos comitês, os membros do conselho poderão esclarecer melhor suas expectativas sobre o tipo de informação que querem da administração. Em seguida, os comitês podem selecionar as informações relevantes, analisar o material e enviar suas conclusões ao conselho.

No processo de explorar todas as fontes de informação para se manter informados, os membros do conselho podem se deparar com uma vaca sagrada: jamais confie em especialistas externos, especialmente nos que podem ter uma opinião contrária à da administração. Mas os conselhos não podem depender apenas da administração para obter informações sobre as tendências de mudança e disrupção no mercado. Às vezes, as perguntas certas são aquelas constrangedoras que vêm de fora, conduzindo o conselho a novos caminhos de investigação e análise. Ao mesmo tempo, ao desenvolver pontos de vista alternativos, os membros do conselho devem sempre manter o CEO informado, como fazem as empresas de private equity.

Ainda assim, como um especialista após o outro nos disse para este livro, é a vantagem de informações da administração em relação ao conselho que põe em perigo o trabalho do conselho. Sem informações suficientes os membros do conselho podem confundir cautela com segurança, em detrimento do planejamento de longo prazo.

A lacuna de dados dificulta ao conselho contestar a administração quando a empresa está se desviando do caminho. Se o CEO dá ao conselho uma explicação para uma execução decepcionante, o conselho precisa de suas próprias fontes de informação para decidir se deve ou não adotar um ponto de vista diferente. Tanto que basta dar uma olhada no interior de uma empresa em dificuldades e perceber que é comum encontrar um colapso no nível do conselho. Como diz Ed Garden, da Trian Partners: "As empresas estão tendo um desempenho insatisfatório e a administração está apresentando ao conselho todas as razões pelas quais não é culpa dela. E o conselho não tem informações suficientes sobre os detalhes e as sutilezas do negócio para contestar a administração. O problema é que o conselho tem muito menos informações do que a administração".

Com os membros do conselho no escuro, o conselho fica de mãos atadas. Os membros do conselho podem até querer ter discussões importantes sobre a estratégia, mas a maioria não entende a empresa ou o setor o suficiente para fazê-lo. Como resultado, acontece muito de os conselhos não saberem onde focar e acabam se engajando em discussões superficiais e dando recomendações inúteis, o que leva a interações frustrantes entre a administração e o conselho.

Neste capítulo, apresentaremos ideias para ajudar você e seus colegas do conselho a buscar informações fora da empresa e com a administração. Mostraremos como alguns dos melhores membros do conselho obtêm as informações de que precisam e o compromisso necessário para fazer isso. (Veja a Figura 6-1.)

Figura 6-1

O novo manual para a criação de valor: informações

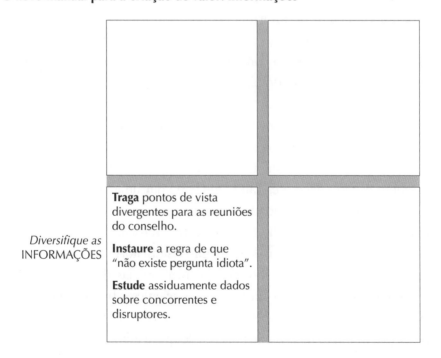

Diversifique as INFORMAÇÕES

Traga pontos de vista divergentes para as reuniões do conselho.

Instaure a regra de que "não existe pergunta idiota".

Estude assiduamente dados sobre concorrentes e disruptores.

168 Talentos, Estratégia, Riscos

Informações da administração

Um dos maiores desafios enfrentados pelos membros do conselho é a tendência da administração de despejar uma montanha de informações sobre eles. Nas reuniões do conselho, as apresentações da administração normalmente são cheias de dados históricos que, além de consumir grande parte da sessão, inevitavelmente desviam a discussão para a mentalidade de curto prazo. A administração pode não oferecer alternativas a seus planos nem discutir tendências emergentes, seja em políticas públicas, tecnologia, novos concorrentes ou novos modelos de operação.

Para obter grande parte dessas informações, o conselho terá de procurar fora da empresa. Mas os membros do conselho ainda precisam confiar na administração para obter as informações necessárias para decidir se a empresa está bem-posicionada para o longo prazo. E isso exigirá consultar e colaborar com o CEO e a equipe de gestão.

O principal gestor para fazer essa ponte é o diretor financeiro. Esse diretor deve ser o pivô na geração das informações que vão para o conselho. De preferência, um único membro do conselho ou um comitê se reunirá com o diretor financeiro e definirá o formato das informações que serão enviadas ao conselho. A ideia é dar aos membros do conselho e seus comitês todas as informações das quais eles precisam para avaliar a estratégia da empresa, incluindo notícias atuais, iniciativas planejadas e análises internas do cenário competitivo.

Não é raro a administração preparar relatórios de duzentas páginas e enviá-los ao conselho. Acreditamos que essa prática é simplesmente terrível. A administração não precisa mandar mais do que uma página por semana ao conselho. Se algum membro do conselho quiser saber mais, basta pegar o telefone e ligar.

Para ajudar a avaliar os talentos da empresa, os membros do conselho devem passar um tempo com uma ampla gama de pessoas da empresa. Na Tyco International, Ed Breen organizava jantares e convidava uma variedade de executivos e funcionários da linha de frente. Ele também providenciava para que três ou quatro membros do conselho visitassem sozinhos uma instalação da empresa e passassem um dia inteiro com a equipe de gestão local e seus funcionários, conhecendo o chão de fábrica ou os laboratórios de pesquisa. Os membros do conselho não só tinham a chance de conhecer os gestores que comandam as operações como também viam o grau de engajamento da força de trabalho local com os objetivos de longo prazo da empresa e o quanto os funcionários valorizam a liderança.

O padrão-ouro para a maneira como um CEO pode ajudar a manter o conselho informado e apresentar uma visão de fora é Mary Barra, da GM. Ela acredita firmemente que nem todas as boas ideias vêm da empresa ou dos membros de seu conselho. Então, pelo menos uma vez por ano, ela convida um analista do *buy-side* e outro do *sell-side* para fazer uma apresentação sobre a empresa sobre qualquer assunto que desejarem. Barra diz: "Nós realmente queremos ser contestados por pessoas que conhecem o setor e têm perspectivas diferentes". Também gostamos de trazer aos nossos conselhos analistas com pontos de vista diferentes dos nossos para expor os membros do conselho a formas alternativas de pensar.

Barra procura apresentar as informações com disciplina, tomando o cuidado de otimizar o tempo do conselho em vez de despejar montanhas de relatórios. A pedido do conselho, ela fornece um resumo diário de notícias sobre a GM e seus concorrentes, disponibilizando trechos e artigos completos para os membros que quiserem saber mais. Uma vez por mês, a empresa também envia aos membros do conselho um briefing de políticas públicas, porque muito do que acontece no setor tem implicações políticas e regulatórias globais.

Antes das reuniões, os diretores recebem um resumo de duas páginas apresentando os problemas mais importantes e o que a administração fez a respeito, juntamente com um resumo dos assuntos a serem discutidos na reunião e os insights que ela gostaria de receber do conselho. Ela também envia ao conselho uma coletânea de relatórios de analistas toda semana. Ela diz: "Às vezes chega a ser meio chocante ler esses relatórios. Mas é uma perspectiva. E fazemos de tudo para eles serem variados e incluírem visões opostas".

Todas essas informações são úteis porque foram selecionadas e não entregues a granel. E esse é o tipo de informação que pode ajudar o conselho a agregar valor no futuro. De posse de informações abrangentes relacionadas à concorrência, tanto no que diz respeito aos negócios quanto aos talentos da empresa, o conselho tem condições contribuir levantando questões que a administração pode não ter considerado. Barra diz: "Você tem diferentes membros do conselho que querem se aprofundar em determinadas áreas mais do que em outras, seja para aprender mais sobre o negócio ou mergulhar fundo em algo. Tentamos otimizar o tempo deles, mas podemos exagerar nas informações e cabe ao membro decidir até que ponto ele quer se aprofundar".

Barra tem sorte de ter um conselho disposto a investir o tempo necessário para se manter a par dos problemas, especialmente no caso da GM, uma empresa em meio a uma transformação de longo prazo. Como resultado, as ideias fluem nas duas direções. Ela conta que raramente passa uma semana sem receber pelo menos um e-mail de um membro do conselho sobre algum acontecimento para ver se ela está a par e saber o que ela acha.

O respeito de Barra ao tempo de seu conselho levanta um ponto importante: é verdade que os membros do conselho devem ser bem-informados pela administração e nunca devem ser pegos de surpresa. Mas eles também nunca deveriam ter de procurar uma agulha de insight em um palheiro de relatórios. Jack Brennan, da Vanguard, conta: "Acabei de fazer uma apresentação para conselhos de bancos no Federal Reserve. E os coitados dizem: 'Recebo mil páginas para cada reunião do conselho. Não é possível que todas essas informações sejam importantes'".

Acontece muito de essa prática de enviar uma montanha de informações ser usada deliberadamente para confundir o conselho. Os membros do conselho devem se opor a ela. Os CEOs também podem usar as reuniões do conselho como uma forma de manter seus membros a distância. Warren Buffett diz: "Se os CEOs realmente quiserem manter o conselho sob controle — e eu mesmo já encontrei meia dúzia de CEOs assim —, eles basicamente só controlam o relógio. Eles marcam apresentações que não dizem nada sobre o negócio. E fazem questão de usar o tempo todo, sabendo que os membros do conselho têm outras coisas para fazer depois da reunião. Acho que dá para dizer que um CEO que quiser um conselho de marionetes sempre vai poder conseguir o que quer".

A perspectiva do ativista

Uma das principais características das empresas de private equity é um estreito alinhamento entre os gestores e os maiores acionistas. O interesse dos investidores ativistas nas empresas de capital aberto reflete essa mentalidade. Acreditamos que as empresas de capital aberto deveriam fazer mais para incluir essa atitude em seu próprio arsenal de ideias.

Para isso, os conselhos devem tentar se adiantar às informações que um acionista ativista pode querer saber. Para ver o negócio da perspectiva de um ativista, Raj Gupta, da Delphi Automotive, pede a pessoas de fora que analisem o negócio e escrevam uma carta à administração como se fossem acionistas ativistas. A carta deve ser bem documentada, usando fontes externas de informação, e o tom deve ser realisticamente direto e contundente. Esse tipo de perspectiva pode encorajar o conselho a agir. Da mesma forma, os CEOs devem convidar um ou mais analistas do *buy-side* para participar de todas as teleconferências com investidores e fazer perguntas. No fim das contas, o objetivo do conselho e da administração será o mesmo: criar valor de longo prazo.

Os conselhos de empresas de private equity coletam informações porque sua subsistência depende disso. As empresas de capital aberto deveriam agir da mesma forma. Buffett diz: "Dos vinte conselhos de empresas de capital aberto dos quais participei, apenas um, a Data Documents, começou como uma empresa de capital fechado. Abrimos o capital, mas, quando o capital era fechado, a empresa tinha o melhor conselho no qual já atuei. Passamos um tempo fazendo reuniões na minha casa e íamos até as 3 da manhã. E não era para atender a alguma exigência do governo ou da Bolsa de Valores de Nova York".

Pela nossa experiência, os ativistas podem ajudá-lo a identificar as razões do mau desempenho e a vulnerabilidade a aquisições. Esses investidores costumam ser muito inteligentes e fazem um trabalho analítico muito bom. Eles partem da premissa de que a empresa teve um desempenho inferior em relação aos concorrentes. Em seguida, eles procuram razões para esse desempenho. O problema é da gestão? A empresa tem um portfólio complexo demais e difícil de gerenciar? Ou não está alavancando bem seu balanço patrimonial?

Esses fatores dividem os analistas em ativistas de lucros e perdas e ativistas de balanço patrimonial. Os ativistas de balanço patrimonial recomendarão comprar ações e pagar dividendos rapidamente. Os ativistas de lucros e perdas mostrarão onde você está tendo um desempenho inferior porque seus custos são muito altos ou seus produtos são commodities ou você precisa simplificar seu portfólio. A implicação é que, se a sua administração não for capaz de fazer o ajuste, as ações da empresa continuarão em queda. Portanto, os conselhos devem ser quase implacáveis ao investigar se a administração está criando valor de longo prazo. Se não, eles devem agir antes que os ativistas entrem em cena.

Também gostamos de empresas que não se contentam com as ideias da administração sobre como desenvolver as competências necessárias para o futuro e fazem questão de procurar outras fontes de informação. Michele Hooper, do Directors' Council, traz um comitê consultivo composto por investidores externos e um consultor para ajudar a gerar ideias para a matriz de habilidades do UnitedHealth Group, em cujo conselho ela atua. Ela diz: "Somos uma seguradora e uma empresa de assistência médica, e apresentamos nosso direcionamento de longo prazo e a experiência e as competências que achamos que precisaremos. Em seguida, pedimos a opinião deles. 'Vocês acham que precisamos ajustar alguma coisa?'"

Algumas pessoas questionam por que ela se submeteria a algo tão assustador quanto conversar com seus investidores com esse nível de detalhamento. Ela diz que essa abertura rendeu insights excelentes e discussões interessantíssimas sobre o direcionamento futuro da empresa. Outras empresas chegam a ir ainda mais longe e estão começando a desenvolver suas próprias universidades internas. Estão trabalhando com instituições de ensino para desenvolver programas e currículos que ajudarão a dar a seus funcionários juniores o tipo de experiência que será útil para a empresa no longo prazo.

Pessoas de fora também podem ajudá-lo a saber se a sua empresa está se desviando do caminho. Entre os primeiros lugares em que procuramos detectar uma falha na estratégia ou na execução estão os relatórios de analistas e as reuniões do conselho com grandes investidores. O conselho de uma empresa que conhecemos — a terceira do setor — reúne-se com investidores todos os anos e a administração discute seu histórico de execução no período. Apresentar os detalhes — o valor em dólares investido em assistência médica, digamos, ou o número de posições eliminadas em uma divisão estagnada ou o aumento percentual do fluxo de caixa — mostra aos investidores que a empresa faz o que diz que fará. Mas, para ter uma boa avaliação da execução, o conselho também deve contratar uma empresa independente para conduzir reuniões com os clientes. O objetivo seria gerar um *net promoter score*, uma medida indireta da disposição dos clientes em recomendar os produtos da empresa e que classifica a empresa em relação à concorrência.

Com isso, o conselho pode ver se a empresa está melhorando — ou não — ao longo do tempo. Os resultados o ajudarão a saber se a administração está apresentando ao conselho as verdadeiras razões para o desempenho da empresa ou se só está dando desculpas. Fique atento se você ouvir a administração dizer: "Estamos fazendo tudo o que podemos".

Ou "Designei o vice-presidente para fazer isso". Ou "Este foi um erro isolado". Ou "Meu gerente regional morreu e passamos dois meses com a vaga aberta". Ou "Foi um contratempo contábil na China".

Ter muita informação para examinar é uma coisa. Mas como interpretar essas informações todas? Analistas e ativistas também podem ajudar nesse caso. Às vezes o problema não está em uma única coisa grande, mas em um monte de pequenas coisas que começam a mostrar um padrão. O ex-CEO da CA Technologies e executivo da IBM Bill McCracken observa que, no caso da GE, nenhuma grande bandeira vermelha surgiu de repente, mas sim uma série de bandeiras amarelas ao longo do tempo. Ele diz: "Os conselhos precisam ter sempre em mente a seguinte pergunta: quantas bandeiras amarelas fazem uma bandeira vermelha?"

Na GE, os sinais de alerta poderiam ter sido vistos nos relatórios de analistas que levantaram questões envolvendo o reconhecimento de receita, princípios contábeis e baixas contábeis ao longo de um período de cinco anos. McCracken diz: "Quantas seguradoras saíram do negócio de seguros de assistência médica para a terceira idade antes de a GE admitir que tinha uma grande baixa contábil por vir?"

Um exemplo de uma perspectiva externa clara sobre os problemas da GE foi em 2015, dois anos antes de Jeffrey Immelt deixar o cargo de CEO da GE. A Trian Partners publicou um relatório técnico de oitenta páginas exemplificando como os ativistas coletam fatos de uma maneira que as administrações e os conselhos poderiam coletar, mas normalmente não fazem — investigando as empresas, analisando profundamente os números em relação à concorrência e organizando os fatos de maneira diferente.

As conclusões do relatório incluem: os resultados da GE Capital neutralizaram completamente o forte crescimento dos lucros do lado industrial do negócio. A razão foi a altíssima intensidade de capital da GE Capital — um item do balanço patrimonial que expressa a proporção de ativos em relação às vendas. A administração deveria ter considerado a intensidade de capital juntamente com as margens brutas —

um item do informe de lucros e perdas. Mas Immelt nunca fez isso. A GE ignorou completamente essa parte da equação. Livrar-se da GE Capital não liberou capital para o retorno aos acionistas. A GE também pagou demais pelas aquisições. Em consequência, a taxa de crescimento anual composta de dez anos da GE foi de apenas 1, e seu retorno total aos acionistas durante o período foi de apenas 10% — colocando a GE na lanterninha entre os concorrentes. As margens brutas também estavam em queda. A conclusão da Trian: os lucros reduzidos por ação e o uso intensivo de capital fizeram com que o valor das ações da GE caísse US$ 11,20, ou 45%.

Se a administração ainda não forneceu ao conselho as informações necessárias para esse tipo de análise, o conselho deve levantar a questão na sessão executiva e exigir essas informações — todos os detalhes do desempenho corporativo em comparação com a concorrência ao longo do tempo, em termos de receitas, margens, Ebitda e um benchmark com os melhores e os piores do setor. Se a empresa não puder fornecer esses dados, o conselho deve buscá-los em outro lugar. Caso contrário, McCracken conclui: "É aí que os acionistas ficam furiosos quando olham para trás sob a luz brilhante da inspeção. Eles dizem: 'Caramba, como foi que vocês deixaram passar isso?'"

Acreditamos que, se o conselho tomar a iniciativa de reunir informações externas para análise e recomendações, o comportamento dos gestores mudará. Eles também pensarão de forma mais ampla, orientados para o futuro. E, quando a administração adota uma visão mais ampla, a necessidade de checagens externas deve diminuir. É assim que o private equity funciona: o negociador sempre se aprofunda nos dados dos quais depende o sucesso do modelo de negócios. As empresas de capital aberto devem se empenhar para ser tão boas quanto as empresas de private equity na busca e no consumo de informações, tendo em vista os resultados de longo prazo.

A Wendy's é um bom exemplo de como uma perspectiva de fora pode ajudar uma empresa a se reorientar para o valor de longo prazo.

Na época da crise financeira de 2008, a Wendy's começou a ter dificuldades por estar focada em atingir as metas trimestrais. E estava fazendo isso reduzindo a qualidade dos alimentos servidos, usando pães mais baratos, cortes de carne mais baratos, condimentos mais baratos. A empresa também negligenciou suas lojas, deixando de fazer reformas.

A Trian Partners tinha uma participação de 20% na Wendy's na ocasião e ajudou a planejar uma resposta à crise. Ed Garden, da Trian, lembra: "Entramos lá e dissemos: 'Parem com essa maluquice. Vamos voltar aos fundamentos'". A Wendy's melhorou os ingredientes dos hambúrgueres e os condimentos e começou a reformar as lojas, instalando TVs de tela plana, Wi-Fi e lareiras.

O envolvimento da Trian e o tamanho de sua participação ajudaram a Wendy's a lidar com os acionistas. Garden explica: "Demos cobertura para a administração parar de se preocupar com o próximo trimestre e começar a se preocupar com 2025". Como era de se esperar, o preço das ações ficou estagnado de 2009 a 2012. Os acionistas disseram: "Não damos a mínima para as melhorias; o preço das ações não está subindo". Garden respondeu: "Acreditamos que o preço das ações vai subir à medida que melhoramos o negócio". Os acionistas que ficaram acabaram quintuplicando seu investimento.

Para nós, esse é um exemplo excelente de como a mentalidade de longo prazo do private equity pode ajudar as empresas de capital aberto. As melhores empresas vão querer seguir esse exemplo. Shelly Lazarus, ex-CEO da Ogilvy & Mather, gosta de conversar com analistas e investidores sem a presença da administração. Ela percebeu que a administração tendia a focar assuntos diferentes dos que eram levantados apenas entre os membros do conselho, de modo que essas reuniões sem a administração acabavam sendo muito esclarecedoras. Ela diz: "Passei a ser uma grande defensora de ouvir investidores e acionistas, que é uma prática que os conselhos ainda estão por adotar".

Mas, mesmo se os investidores ativistas não tiverem qualquer participação na empresa, vale a pena conversar com eles porque eles podem dar ao conselho uma boa visão da estratégia da empresa em comparação com o comportamento do mercado. Ron O'Hanley, da State Street, lembra como se fosse ontem de uma conferência na qual pediu aos participantes que imaginassem que ele era um investidor ativista e que eles faziam parte do conselho da Pfizer. "Eu entro na sala e pergunto a vocês: 'Vocês querem saber a minha opinião sobre como a estratégia de vocês se compara com a estratégia da Eli Lilly?'", O'Hanley conta. "Deu para ver a expressão de puro horror no rosto dos CEOs na sala. Mas todos os membros do conselho se empertigaram, pensando: 'Caramba, seria ótimo!'" A lição: as pessoas de fora que deixam os gestores um pouco nervosos podem ajudar os membros do conselho a gerar opções estratégicas originais.

Como os membros do conselho podem assumir a liderança

Ter acesso às informações das quais você precisa envolver mais do que encomendar relatórios e convidar pessoas de fora para fazer apresentações ao conselho. Para ser um bom membro do conselho e se manter a par dos acontecimentos, você precisa investir seu tempo pessoal além do tempo que passa nas reuniões do conselho. Os melhores CEOs convidam seus conselhos para participar de eventos de clientes, exposições e jantares onde os membros do conselho podem ver os produtos da empresa, conversar com funcionários e clientes e saber o que eles realmente acham da empresa; o mesmo vale para conferências anuais de investidores.

Os membros do conselho devem aproveitar essas oportunidades. Eles obterão vários insights sobre a empresa de diferentes perspectivas — de investidores, clientes, consultores externos, especialistas. Longe de ser uma simples socialização, nesses eventos você verá como a empresa se compara no cenário competitivo, bem como as tendências que devem afetar o setor nos próximos anos.

Os membros do conselho também devem se dispor a ampliar seu escopo além das formas habituais de analisar as operações da empresa. Por exemplo, ao revisar os dados de desempenho, eles não devem se limitar às métricas-padrão de participação de mercado, margens e lucratividade. Para avaliar o desempenho relacionado ao talento, Lynn Forester de Rothschild, CEO da E.L. Rothschild e cofundadora da Inclusive Capital Partners, se concentra nos níveis de retenção de funcionários em relação aos concorrentes da empresa. Ela diz: "Não é fácil ter acesso a essas comparações, mas pedimos essas comparações aos nossos gestores, para eles nos mostrarem como a empresa retém seu pessoal". Hoje em dia, os melhores CEOs também medem a diversidade nos escalões mais baixos.

Acreditamos que o trabalho dos membros do conselho é garantir que essas informações não venham apenas da administração. Nesse e em outros aspectos, Michele Hooper, do Directors' Council, é um exemplo a ser seguido, sendo dedicada e meticulosa. Ela não se limita a ler os relatórios; ela observa, coleta informações ao longo do tempo e faz questão de visitar as empresas em cujos conselhos atua.

Hooper explica que normalmente o conselho ouve o CEO e a equipe de gestão sobre sua visão do setor e do direcionamento da empresa. Ela diz: "Para mim, esse é só um conjunto de dados e não é suficiente. Para o conselho, esse deve ser só um ponto de partida. E é por isso que você precisa sair e fazer sua própria lição de casa". Em vez de depender das informações da administração, Hooper vai a conferências por conta própria, onde ela pode aprender sobre novas tendências nas áreas, digamos, de tecnologia e big data, e sobre concorrentes disruptivos — questões com as quais os membros do conselho de muitas empresas estão lidando. Durante seu processo de coleta de informações, ela conversa com esses colegas para ter uma ideia de novas pesquisas que ela pode querer conhecer.

Hooper é incomum no nível de iniciativa que leva a seus conselhos. Ela diz: "Vejo meu trabalho no conselho como uma profissão. Meu trabalho não se limita a pegar os relatórios do conselho e conversar com a pessoa da empresa que está resolvendo um problema específico. Também acho que é minha responsabilidade fazer minha própria análise da concorrência". Todos os membros do conselho se beneficiariam de adotar a abordagem de Hooper ao buscar criar valor de longo prazo.

CHECKLIST PARA DIVERSIFICAR AS INFORMAÇÕES

- Consulte especialistas externos para ajudá-lo a avaliar a explicação da administração para o desempenho da empresa.
- Tenha acesso a notícias, iniciativas planejadas e análises internas da concorrência para ajudá-lo a avaliar a estratégia da empresa.
- Resista à prática da administração de despejar uma montanha de informações no conselho; exija que os gestores enviem breves atualizações mensais.
- Compare a satisfação do cliente com o desempenho dos concorrentes para avaliar a explicação da administração para o desempenho.
- Exija que a administração forneça todos os detalhes do desempenho corporativo em relação à concorrência ao longo do tempo. Compare com relatórios de analistas.
- Converse com analistas e investidores sem a presença da administração.
- Aproveite as oportunidades de conversar com os funcionários e os clientes da empresa.
- Concentre-se em métricas como retenção de funcionários em comparação com a concorrência, além das métricas-padrão de participação de mercado, margens e lucratividade.
- Vá a conferências por conta própria e converse com outros membros de conselhos para ter uma ideia de novas pesquisas que você pode querer conhecer mais a fundo.

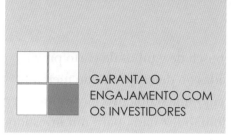

Capítulo 7

GARANTA O ENGAJAMENTO COM OS INVESTIDORES

Vinte e cinco anos atrás, o poder corporativo ficava nas mãos do CEO todo-poderoso, que podia simplesmente mandar os investidores venderem as ações se não gostassem do que ele estava fazendo (e sempre seria um "ele"). Desde então, ativistas e investidores de longo prazo subiram ao palco e, ao lado das forças do mercado, passaram a responsabilizar os conselhos. Ao gerenciar o talento, a estratégia e o risco de sua empresa, especialmente no planejamento de longo prazo, os conselhos também devem gerenciar o relacionamento com os investidores, o stakeholder mais poderoso da empresa.

Essa função do conselho é essencial porque os investidores — especialmente os acionistas permanentes de uma empresa — são coletivamente o principal impulsionador por trás do novo TSR. Esses investidores estão exigindo que as empresas abandonem as práticas que incentivam a busca de ganhos de curto prazo, como estruturas de remuneração voltadas ao desempenho no mercado de ações e estratégias de aquisição cujo único objetivo é comprar receitas. Um sucesso rápido no mercado não faz nada para um investidor de longo prazo, especialmente se dificultar para a empresa se beneficiar de oportunidades de iniciativas estratégicas de geração de dinheiro no futuro.

Os fundos de índice não podem forçar a administração a fazer o que eles querem ameaçando vender suas ações; eles compram ações e as mantêm em perpetuidade. Em vez disso, esses investidores estão buscando influenciar os conselhos. E seu objetivo é redirecionar a atenção da administração para um conjunto diferente de prioridades: para o planejamento de longo prazo; melhorias na execução; e o talento, a estratégia e o risco.

Esse relacionamento entre empresas e investidores pode ser colaborativo ou conflituoso, e nem sempre é fácil saber para onde a bússola apontará. Por essa razão, a atitude dos membros do conselho em relação aos investidores tende a ser cautelosa e vigilante e, no caso de investidores ativistas, com sua pressão frequente por ganhos de curto prazo, totalmente pautada pela desconfiança.

Podemos afirmar que a desconfiança não é um plano de ação. Nem todos os investidores são iguais — nem mesmo os ativistas. Todos têm seus próprios objetivos. Cada um terá um quadro de referência e um modelo de investimento, e dois investidores nunca serão exatamente iguais. Eles coletam informações diferentes e têm maneiras diferentes de diagnosticá-las e objetivos diferentes. Um conselho deve saber qual é o modelo deles.

Ao lidar com os investidores, você também deve manter em mente que o fracasso de um investimento tem um impacto maior na renda de um investidor do que na renda de um membro do conselho, além de afetar mais a reputação do investidor. Se os membros do conselho falharem — se o conselho falhar —, eles podem sair com a reputação afetada, mas perder muito pouco dinheiro. O investidor pode perder seu meio de subsistência e a capacidade de arrecadar fundos no futuro. São os investidores, não os membros do conselho, que ficam com o prejuízo. Portanto, faça todo o possível para conhecer os critérios que os investidores usam para tomar suas decisões e conceber seu risco.

Os investidores quase sempre são inteligentes, muitas vezes com insights interessantes sobre a sua empresa e seus concorrentes. Pense nos seus investidores — nos proprietários de sua empresa — como um recurso. Independentemente de eles serem ou não hostis aos seus objetivos de longo prazo, eles têm informações que podem ajudá-lo e que vale a pena obter, não importa quais sejam os objetivos deles.

Figura 7-1

O novo manual para a criação de valor: investidores

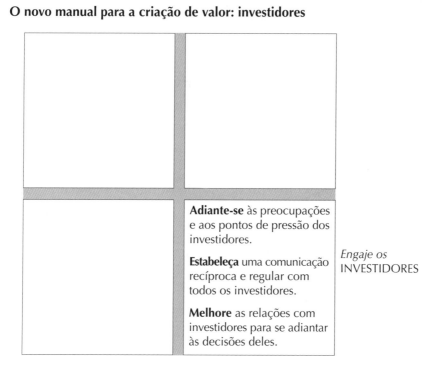

Vamos ajudá-lo a decidir como gerenciar esse relacionamento de forma produtiva — como e quando se reunir com investidores; como obter o feedback deles; como entender o que cada tipo de investidor quer; e como lidar com os ativistas. E mostraremos como é um excelente ativista. (Veja a Figura 7-1.)

Converse com os investidores

Alguns conselhos resistem a falar com investidores, deixando esse trabalho para a administração. Acreditamos que conversar com os investidores é uma responsabilidade essencial do conselho. Como vimos no Capítulo 6, os investidores podem ser uma fonte independente das informações cruciais das quais os conselhos precisam para saber tanto quanto a administração e para poder planejar o valor de longo prazo. Os melhores conselhos estão se engajando com os investidores para corrigir essa assimetria de informações.

Vejamos o exemplo da Estée Lauder Companies, que tinha uma política que desencorajava os membros do conselho de falar diretamente com os investidores. A justificativa para a política era que a administração já estava gastando muito tempo e recursos no engajamento com os investidores. Não muito tempo atrás, a Vanguard pediu para se reunir com o presidente do comitê de remuneração do conselho. O conselho hesitou em aceitar o convite. Até que finalmente aceitou.

Para Lynn Forester de Rothschild, que faz parte do conselho da Estée Lauder, a reunião foi reveladora. O presidente do comitê de remuneração conseguiu voltar ao conselho com alguns insights que a administração não havia compartilhado com eles sobre suas próprias interações com os investidores. Ela diz: "Eu não levava muita fé nas vantagens de o conselho se engajar diretamente com os investidores institucionais, mas agora acho que é uma boa ideia para os dois lados. É uma ideia que deixa a administração, por razões óbvias, nervosa. Mas acho que devemos fazer de tudo para nos engajar com a comunidade de investimentos".

Engajar-se com os grandes acionistas pode ajudá-lo a identificar quais deles estão pensando em longo prazo e quais podem se alinhar com os ativistas. O grande desafio é a visão míope do curto prazo — a pressão para gerar lucros rápidos. Acontece muito de essa visão prejudicar os objetivos de longo prazo da empresa. É por isso que a questão do engajamento dos acionistas é tão importante. Um ativista nem sempre tem interesse em saber sobre a história e a estratégia da sua empresa.

Uma justificativa clara para o que você está fazendo e o que esperar também pode manter os ativistas afastados, mesmo se a sua estratégia for atípica do setor. Quando Raj Gupta, atual presidente do conselho da Aptiv, fazia parte do conselho da Tyco International, o fundo ativista Relational Investors comprou uma posição na empresa. Gupta diz: "Eles foram conversar com Ed [Breen, o presidente do conselho] e o CEO George Oliver, saíram da reunião e venderam sua posição em três meses. Eles disseram: 'Vocês já estão fazendo praticamente tudo o que a gente faria'".

Uma comunicação clara com os investidores pode mantê-los do seu lado quando você tropeçar. Se você fizer o que promete, receberá um passe livre para os tropeços que podem ocorrer pelo caminho.

O que os investidores querem saber

Nas conversas com os investidores, eles podem fazer perguntas destinadas a expor suas vulnerabilidades — operacionais, financeiras e competitivas. Eles também tentarão sondar a eficácia de suas medidas para supervisionar a equipe de gestão. O que eles quere com isso é garantir que você esteja gerenciando o talento, a estratégia e o risco para aumentar o retorno aos acionistas. Mas alguns investidores estarão buscando um ganho de curto prazo enquanto outros vão querer o valor de longo prazo.

No caso de alguns players — como fundos de índice e ativistas —, você pode conhecer o quadro de referência deles e adaptar sua preparação para conversar com eles de acordo; para outros, você só tem como saber o objetivo deles quando ouvir o que eles querem saber. Mas, em todos os casos, o trabalho que você faz para se preparar para as perguntas deles também pode ajudá-lo a formular os seus próprios planos para gerar retorno de longo prazo para os acionistas.

Entre as perguntas mais cruciais que você ouvirá dos investidores estão aquelas que se concentram no que o conselho está fazendo para garantir que a administração não tome decisões de curto prazo que prejudiquem a criação de valor. Eles vão querer saber se os membros do conselho — coletiva e individualmente — submetem a administração a níveis suficientes de escrutínio ou se tendem a ser indulgentes com a administração.

Para se preparar para essas perguntas, você precisa pensar como um investidor, o que exige franqueza ao avaliar seus colegas do conselho. Ao avaliar o desempenho de ex-CEOs em conselhos, Dan Riff, da Advantage Solutions, procura ver se eles trazem o mesmo nível de expertise e urgência ao trabalho do conselho que faziam quando administravam sua própria empresa de maneira a criar valor para os clientes da Advantage. Ele diz: "Às vezes eles se aposentam de cargos de CEO onde foram espetaculares e se acomodam um pouco no conselho, meio que concordando com tudo o que os outros dizem. Quando foi a última vez que o conselho realmente saiu a campo e foi conversar com a gerência de nível médio-alto?" Se a resposta for qualquer coisa além de "recentemente", o conselho não está fazendo seu trabalho.

Os investidores também podem perguntar como o conselho se prepara para a sucessão, tanto na empresa quanto no próprio conselho, e como garante que a empresa está desenvolvendo as competências necessárias para o crescimento de longo prazo. Para isso, os investidores vão querer saber como o conselho desenvolve suas próprias fontes de informação para poder ter as próprias opiniões sobre o mercado de talentos. Afinal, se os membros do conselho não têm informações independentes, como eles podem fazer as perguntas certas?

Você também deve estar preparado para explicar a remuneração do CEO. O nível de remuneração, juntamente com os tipos de compensação e o gatilho para recompensas maiores, dirão aos investidores se a empresa está enfatizando o crescimento de curto ou de longo prazo, ou mantendo os dois em equilíbrio. Por exemplo, bônus e recompensas anuais costumam aumentar quando o preço das ações sobe. Mas, se o CEO recebe um bônus de 200% por exceder o preço-alvo da ação, isso é um impulsionador de uma mentalidade de curto prazo. Se a administração tira dinheiro do futuro para atingir metas de curto prazo, os investidores vão querer saber se os gestores precisam buscar a aprovação do conselho antes de fazer isso.

Para entender o que o conselho está fazendo para gerenciar o talento, a estratégia e o risco, os investidores vão querer saber como o conselho aloca seu tempo. Quais são os principais itens da pauta no nível do conselho? São sobre procedimentos ou realmente focados em oportunidades e riscos estratégicos? O que os membros do conselho pensam sobre as lacunas no conselho? Quais habilidades faltam ao conselho à medida que o negócio evolui? Quanto tempo os membros do conselho passam discutindo cada assunto importante de sua alçada? O conselho consulta especialistas externos para ajudar a tomar decisões sobre grandes alocações de capital?

Os investidores também farão perguntas na qualidade de stakeholders. O que o conselho está fazendo para ajudar a empresa a ser uma boa cidadã corporativa, promover a diversidade na força de trabalho da empresa, responder às mudanças climáticas e à possibilidade de exigências de iniciativas de carbono zero?

Os investidores podem perguntar o que o conselho pensa sobre as métricas. Na maioria das empresas, a administração define as métricas que a empresa usa para monitorar a criação de valor. O conselho alguma vez as questionou ou pediu à administração para mudá-las? Não importa se você aborda ou não a questão, os investidores vão analisar seus *proxy statements*, que podem fornecer informações sobre as métricas que o conselho considera, além de incentivos e níveis de participação na empresa.

A lição: não deixe de saber tanto sobre sua empresa quanto seus investidores.

Quando conversar com os investidores e o que dizer a eles

Os conselhos se reúnem com os investidores para obter o benefício das informações e das análises deles, mas a mesma pesquisa pode levar a conclusões diferentes dependendo dos objetivos dos investidores. Ainda assim, alguns princípios podem ser usados para estabelecer um relacionamento com qualquer um deles.

Para se engajar com os investidores, é indispensável ter reuniões regulares com eles. Desenvolver relacionamentos com os investidores leva tempo; a ideia é ter um relacionamento robusto com eles antes de precisar da sua ajuda. A ex-CEO da Xerox, Anne Mulcahy, buscava conversar com os vinte ou trinta maiores investidores a cada dezoito meses a dois anos. Ela diz: "A ideia é ter uma periodicidade regular para realmente construir relacionamentos. Envolve ao mesmo tempo ouvir o que eles têm a dizer e compartilhar mensagens que você gostaria que eles soubessem sobre questões cruciais para o conselho". Ela também recomenda conversar com qualquer investidor de tamanho considerável que peça para se engajar com o conselho. Mulcahy diz: "Tente dizer sim 99% das vezes".

Mas é importante manter a periodicidade se você quiser manter os principais investidores engajados, em vez de ser esmagado pela sobrecarga de informações. Shelly Lazarus, ex-CEO da Ogilvy & Mather, conta sobre uma teleconferência com grandes investidores de todo o país. Falando com o representante de um fundo de pensão estadual, um representante da BlackRock disse: "Você está dando informações demais. Não temos como lidar com esse nível de interação".

A lição: se todas as equipes de administração de todas as empresas de capital aberto adotarem a prática de conversar com todos os grandes investidores, os investidores ficarão sobrecarregados. Assim, ao entrar em contato com um investidor, saiba que ele não tem todo o tempo do mundo à sua disposição. Tenha foco. Lazarus diz: "Saiba o que você quer tirar da reunião. Saiba por que você está fazendo a reunião. Saiba o valor da interação".

Por essa razão, alguns investidores aconselham uma abordagem mais leve nas assembleias de acionistas. Daniel Pozen, da Wellington Management, diz: "Eu não recomendo que os conselhos interajam regularmente com todos os grupos de acionistas. Seria mais interessante um conselho convidar um acionista por ano para fazer uma apresentação sobre o que eles estão achando da empresa". Os acionistas devem ser alternados. Este ano pode ser um acionista passivo, no ano seguinte pode ser um acionista ativo de longo prazo, depois talvez um ex-acionista que saiu por um determinado motivo e da próxima vez um acionista com objetivos de médio prazo.

O que fazer com essas opiniões variadas? Adapte sua abordagem ao investidor e seja sincero consigo mesmo sobre o posicionamento da sua empresa. Saiba que o desejo dos investidores de conversar com um conselho, e a frequência das reuniões, dependerá do tamanho da sua empresa e do tamanho do investimento deles.

Quem deve participar da reunião?

Propomos que a parte do conselho mais bem preparada para se engajar com os investidores é o comitê de talentos, remuneração e execução. Em nosso modelo de comitês do conselho, o presidente do comitê de estratégia e risco também participaria do comitê de talentos, remuneração e execução. Desse modo, esse conselho é o único lugar do conselho onde o talento, a estratégia e o risco convergem.

Antes de os membros de qualquer comitê conversarem com os investidores, garanta que eles estejam muito bem-preparados. Nada cria uma impressão pior nos investidores do que os membros do conselho chegarem a uma reunião sem noção e mal-informados em vez de totalmente informados.

Os membros do conselho não devem revelar demais aos investidores. O conselho precisa manter linhas abertas de comunicação com os investidores, mas a pessoa-chave da empresa para informar os acionistas sobre informações importantes é o CEO. Quanto as empresas devem divulgar? A melhor prática é ser transparente e cumprir suas promessas — fazer o que você diz que vai fazer, mesmo se não for a estratégia preferida de um determinado investidor. Por exemplo, a GM tem uma base de investidores diversificada, com horizontes de tempo muito diferentes. A empresa procura gerenciar o relacionamento com cada investidor, mas sempre fazendo o que acredita ser o correto para o valor de longo prazo ao acionista.

Mas, como a comunicação é uma via de mão dupla, Mary Barra, da GM, recomenda abrir-se às ideias de qualquer investidor. Ela diz: "A primeira coisa que fazemos quando recebemos uma sugestão de um investidor é nos perguntar: 'Será que não é uma boa ideia? Vamos pesquisar isso'". Depois de cada teleconferência com os investidores, ela conversa com uma ampla variedade dos principais investidores da GM, mas também fundos de hedge com foco no curto prazo, e tenta ouvir todos eles. Ela costuma participar de três ou quatro dessas teleconferências, bem como o diretor de relações com investidores e o diretor financeiro.

Essas conversas levaram a GM a empreender algumas novas iniciativas, especialmente em questões ambientais, com a empresa adotando um conjunto mais coeso e abrangente de metas de sustentabilidade. Ter acesso às opiniões dos investidores é uma excelente maneira de aproveitar sua teleconferência de ganhos trimestrais.

Warren Buffett também aconselha ser aberto com os investidores. Ele acredita que deve contar aos acionistas tudo o que pensa, como se eles fossem suas duas irmãs se os três possuíssem a empresa juntos — o que mais o preocupa, quanto valem os negócios e por que, quanto tempo pode durar a vantagem competitiva de uma empresa em relação às outras, como ele alocaria o capital no futuro.

Buffett diz: "O CEO absolutamente deve isso aos acionistas. Acredito piamente que todos têm o direito às mesmas informações, e isso inclui informações importantes sobre perspectivas de avaliação da empresa ou questões envolvendo o pessoal, se forem importantes — exatamente o que você diria a seu parceiro silencioso se você tivesse um negócio de duas pessoas". Se esse trabalho não estiver sendo bem-feito, ele acredita que cabe aos membros do conselho se responsabilizar por isso. Ele não vê problema algum se as pessoas quiserem conversar com seus membros do conselho para saber se ele está fazendo o que diz que vai fazer ou se está deixando de ver algum problema.

Mas Buffett não delegaria esse trabalho a pessoas mais abaixo na hierarquia. Ele diz: "A pessoa que será responsável pelos ativos e como eles são gerenciados ao longo do tempo é o CEO e é o CEO que você quer ouvir. E você não quer que alguma outra pessoa escreva o relatório por ele. Eu não quero um departamento de relações com investidores entregando um relatório cheio de informações irrelevantes".

Em outras palavras, não cabe ao conselho divulgar nada substancial sobre as finanças da empresa ou seus planos para o futuro. Isso é um trabalho para a administração. É justo que os membros do conselho digam aos investidores como eles supervisionam o talento, a estratégia e o risco, bem como a equipe de gestão. Mas a principal tarefa do conselho é descobrir o que os investidores pensam da empresa e o que sabem sobre ela.

Você deve dar sugestões?

Uma das questões mais espinhosas que as empresas enfrentam ao lidar com investidores é se elas devem ou não dar sugestões. Nosso conselho: não faça isso. Ou, se for inevitável, deixe uma boa margem de manobra. Qualquer outra coisa seria tolice. Concordamos com a T. Rowe Price, que não dá qualquer orientação a seus acionistas porque nunca pode saber com certeza quais serão os números. O ex-presidente Brian Rogers diz: "Por sermos uma empresa de capital aberto, evitamos fazer recomendações como o diabo foge da cruz. Empresas e administrações sempre querem prometer menos para entregar a mais, mas acontece muito de as equipes de gestão serem pegas prometendo demais porque a sensação é boa na hora. Só que, se você decepcionar, vai ser um inferno para pagar". Rogers conta que, alguns anos atrás, o diretor financeiro da J.P. Morgan estava no escritório e sua empresa estava pressionando, querendo mais orientação. O diretor financeiro disse: "Tudo o que posso dizer é que temos um objetivo de retorno sobre o patrimônio e vocês sabem qual é o nosso valor contábil, então façam as contas e decidam o que fazer". Foi toda a orientação que ele deu — um número embrulhado com uma fita enorme representando os resultados prováveis. E você também não deve ir além desse ponto.

Nesse contexto, as orientações também não costumam ajudar ninguém. Se o preço de uma ação cair devido a um problema não estrutural, o preço geralmente se recuperará em pouco tempo, porque seus dez maiores acionistas — todos de longo prazo — terão pelo menos 50% das ações. O restante estará nas mãos de traders ativistas, e eles terão de reagir. Mas deixar de dar orientação mudará o comportamento dos analistas e mudará as recomendações deles.

Dar orientação promove a visão míope de curto prazo. Se as empresas puderem evitar dar orientação, ou se pelo menos puderem dar orientações de prazo muito longo, elas ganharão mais espaço de manobra para buscar atingir seus objetivos de longo prazo.

Como lidar com os ativistas

Para as empresas que têm como objetivo o longo prazo, os investidores ativistas podem representar uma grande ameaça, especialmente os que assumem uma posição considerável de suas ações e pressionam por um sucesso rápido. Nosso conselho: fique atento aos piores, mas não presuma que os ativistas são a raiz de todo mal. E, mesmo se os objetivos deles forem equivocados, eles podem ser uma valiosa fonte de informações.

Pela nossa experiência, os ativistas fazem um trabalho analítico muito mais extenso do que qualquer outro player para identificar as falhas na estratégia e na estrutura de uma empresa com o objetivo de aumentar o valor de mercado para o acionista. Eles podem investir milhões de dólares consultando especialistas e entrevistando funcionários, fornecedores e clientes antigos e atuais para avaliar o desempenho de uma empresa em relação aos concorrentes e identificar pontos fracos e vulnerabilidades. (Veja o Capítulo 6 para um exemplo do trabalho da Trian Partners na GE.) Você pode não querer agir apenas com base em análises como um ativista faria, já que isso pode comprometer seus objetivos de longo prazo. Mas os ativistas têm o mérito de se aprofundar nas questões de desempenho.

Portanto, ao conversar com esses investidores, mantenha-se aberto para aprender com as perguntas deles. Descobrimos que o diagnóstico dos ativistas sobre os problemas da empresa costuma ser superior ao trabalho feito pelo diretor financeiro e pelos bancos de investimento externos, cuja pesquisa muitas vezes se baseia principalmente em estatísticas e não em entrevistas no mundo real. O conselho deve prestar muita atenção às perguntas e discussões das análises dos investidores ativistas com o CEO. O objetivo deles pode não se alinhar ao da empresa, mas as opiniões deles são úteis. Não deixe de usá-las.

Os ativistas também investem recursos na avaliação de portfólios e fusões e aquisições. Você deve estar preparado para as perguntas deles. Uma métrica que os ativistas tendem a pesquisar é quantas aquisições da empresa criaram valor e quantas o destruíram. O conselho não pode dizer ao investidor o que fará no futuro, mas o investidor consultará informações públicas sobre o desempenho do que já foi feito.

Assim, ao fazer perguntas, o ativista estará vendo se as suas respostas batem com o resultado das pesquisas que ele fez. Em outras palavras, ele estará tentando saber se o conselho é robusto e se possui as habilidades necessárias. Qualquer conversa entre investidores e o conselho será pautada por essa questão.

De que tipo de ativista se trata?

Os próprios ativistas vêm em diferentes tamanhos e formatos e você precisa distinguir um do outro. Alguns não têm uma orientação específica; alguns vão querer desmembrar seu portfólio; e alguns tentarão criar oportunidades para uma fusão e alcançar um novo valor de mercado. Estes últimos presumem que muitas empresas têm negócios irrelevantes; se eles vendessem esses ativos a outra empresa, criariam mais valor para a nova empresa e obteriam mais valor para si.

Se você for criterioso, deve ser capaz de separar os ativistas nessas diferentes categorias e identificar os que não estão em busca de um sucesso rápido. Empresas como a T. Rowe Price e a Wellington Capital Group têm uma mentalidade muito alinhada com investidores de longo prazo e podem oferecer insights que ajudarão as empresas a criar valor para o futuro.

A maior ameaça está em lidar com ativistas que visam aos ganhos de curto prazo. Jack Brennan, ex-CEO da Vanguard, diz: "Eles podem ser como drogados em busca de um 'barato' com os ativos de índice da Vanguard, mas têm uma taxa interna de retorno de um, dois, três anos. Você sabe que o ativista está lá para só para tomar um café. E em parte é isso que faz com que a presença deles seja tão disruptiva".

As melhores empresas fazem o que podem para lidar com questões que podem tornar a empresa vulnerável a um investidor ativista. Por exemplo, embora a liquidez seja importante em um momento de crise, você deve equilibrar sua necessidade emergencial com o risco de ter muito caixa em seu balanço patrimonial.

A ironia é que, às vezes, a administração tenta vacinar a empresa contra um ataque ativista, adiantando-se a pressões dos investidores.

Como Ed Garden, da Trian Partners, diz: "Quando vamos falar com o conselho, descobrimos que a administração é que está focada no curto prazo. A equipe de gestão foi condicionada pelo mercado a pensar em curto prazo. E somos nós que vamos lá para dizer: 'Parem de sonhar. Vamos planejar para não ficarmos presos na crise de 2018'".

Alguns investidores atribuem a pressão pelo curto prazo não aos ativistas, mas aos proprietários de ativos — instituições como fundos de pensão, fundos soberanos e fundações. Jeffrey Ubben, da ValueAct Capital, diz: "Eles veem o private equity como seu dinheiro de maior retorno, mas bloqueado e ilíquido, e usam os mercados de capital aberto como seu equilíbrio de hiperliquidez. Os proprietários de ativos encurtaram o horizonte de tempo do mercado de capital aberto".

Essa observação explica nossa experiência servindo em conselhos de empresas de capital aberto. Um de nossos colegas que faz parte de conselhos de empresas de capital tanto aberto quanto fechado descreve a diferença entre os dois nos seguintes termos: "Nos conselhos de capital fechado dos quais faço parte, temos agilidade para fazer mudanças sempre que precisamos, mas pensamos em longo prazo. Nos conselhos de capital aberto, pensamos de trimestre a trimestre, mas não temos agilidade para fazer as mudanças das quais precisamos". Tente assimilar o tipo de pensamento de longo prazo que você encontraria em conselhos de capital fechado. Quando conseguir fazer isso, estará pensando como um ativista.

Quando os ativistas agem

Se os ativistas tomarem uma posição na sua empresa, não deixe de se engajar com eles para que eles possam entender seus objetivos. Você não tem como decidir quem terá uma participação na sua empresa, mas pode influenciar a natureza do diálogo.

Muitos ativistas podem não querer esperar longos períodos de baixo desempenho antes de investir em uma ação subvalorizada, mas a maioria dos pretendentes hostis não agem sozinhos e buscarão o apoio de um ou mais grandes investidores institucionais. Os dez maiores investidores provavelmente deterão 50% das ações da empresa. Nenhum ativista vai conseguir desmembrar uma empresa ou expulsar seu conselho ou CEO sem o apoio desses grandes investidores.

Desse modo, a melhor maneira de se defender dos ativistas que estão de olho no curto prazo é manter os grandes investidores do seu lado. O conselho e o CEO devem se concentrar na comunicação com os principais investidores e na persuasão para mantê-los do lado deles. O que estamos vendo agora é que esses grandes investidores institucionais preferem usar o "ativismo amigável". Eles fazem uma extensa pesquisa e têm uma visão que querem compartilhar com você, e a principal preocupação deles é a longevidade da empresa.

Quaisquer que sejam os objetivos dos investidores ativistas, contudo, ouvir é a melhor abordagem para lidar com eles. Às vezes você pode querer aproveitar as ideias dele. Quando Anne Mulcahy, da Xerox, estava no conselho da Target, o investidor ativista William Ackman, cuja Pershing Square detinha 10% da empresa, abordou a Xerox para apresentar propostas de reestruturação. O conselho ouviu o que ele tinha a dizer. Mulcahy diz: "Acho que todos concordariam que não dá para ignorar esse tipo de coisa. Ele chegou com uma boa ideia, que era vender nosso braço de financiamento, e foi o que fizemos".

A lição: presuma que todos os investidores podem ser uma fonte de análise e boas ideias. Muitos deles pensam mais como um proprietário do que muitos membros do conselho. Transforme esses investidores em parceiros de informações independentes.

Quando os ativistas entram no conselho

Se um ativista entrar no conselho, ao que você deve se adiantar? Como você deve se comportar? Quaisquer que sejam suas expectativas, a melhor política é ser um bom ouvinte e julgá-lo pelo que ele diz, mesmo se não gostar da maneira como ele diz as coisas. Às vezes, você pode até convidar um ativista para participar do conselho, mesmo se ele não puder forçá-lo a fazer isso, especialmente se ele demonstrar um interesse autêntico no crescimento de longo prazo da empresa e em dar opiniões construtivas.

Por exemplo, em alguns casos, os ativistas entram no conselho quando os fundamentos da empresa não estão sendo eficazes e é preciso fazer uma mudança. Um excelente exemplo é a manobra que Ubben fez depois que sua empresa comprou uma grande participação da Microsoft. Em 2013, ele usou sua influência para colocar o presidente do conselho da ValueAct no conselho da Microsoft e desbancar Steve Ballmer como CEO. A manobra foi realizada depois de uma estratégia fracassada que levou a Microsoft a pagar US$ 7,2 bilhões para comprar o negócio de telefonia da Nokia, entre outras apostas ruins. A mudança ajudou a colocar a Microsoft de volta ao caminho certo.

Reviravoltas como essas podem ser traumáticas, mesmo se no fim acabarem ajudando a aumentar o valor de longo prazo. Vejamos o que um investidor ativista como Nelson Peltz, um fundador da Trian Management, faz quando chega a uma empresa na qual fez um grande investimento. Normalmente, a Trian aciona um de seus parceiros mais bem informados sobre o setor e insiste em visitar e se reunir com as camadas da administração. Esse nível de engajamento pode abalar os membros atuais do conselho. Mas a expertise injetada pela Trian pode gerar perguntas melhores para um CEO. O objetivo é encorajar os membros do conselho a não se limitar às reuniões do conselho e colocar a mão na massa.

Desse modo, manter a mente aberta quando um ativista entra no conselho pode ajudá-lo a criar valor para sua empresa. Em 2013, depois que a Trian adquiriu uma posição da DuPont, os investidores se reuniram com a fabricante de produtos químicos e se concentraram nos três fatores do manual dos ativistas: a estrutura de custos, que é uma medida indireta da eficiência operacional e da governança corporativa; a estrutura de capital, para avaliar se o balanço patrimonial está subalavancado; e o portfólio, para ver se a linha de negócios está inchada e precisa ser aparada. Uma ideia que a Trian propôs desde o começo foi dividir a empresa em três. E a empresa apresentou à DuPont uma análise detalhada e abrangente, com mais de quarenta páginas.

Mas, de acordo com o ex-diretor financeiro Nick Fanandakis, os números da Trian eram exagerados. Ele diz: "Eles disseram que poderíamos cortar de US$ 2 bilhões a US$ 4 bilhões em custos indiretos. Só que só tínhamos US$ 4 bilhões a US$ 5 bilhões em custos. Foi difícil de engolir". O que se seguiu foi um conflito que durou dois anos. A Trian disponibilizou seu relatório técnico à comunidade de investidores e a DuPont gastou muito tempo e dinheiro defendendo sua própria interpretação.

A DuPont venceu por pouco uma disputa pelos votos por procuração, mas, seis meses depois, após uma desaceleração em seus negócios agrícolas, as coisas voltaram a esquentar, o CEO saiu e Ed Breen, um membro do conselho, assumiu o cargo. A DuPont acabou se combinando com a Dow, realinhando os negócios das duas e se dividindo em negócios agrícolas, especializados e de commodities — uma combinação da sugestão original da Trian para um desmembramento e da sugestão da DuPont para uma fusão direta com a Dow.

A transformação da DuPont de um conglomerado a um trio de negócios focados liberou um valor enorme. Uma das ideias mais produtivas depois que Breen assumiu foi abandonar a estrutura matricial da DuPont — que já tinha quatro décadas de idade — a favor de uma estrutura baseada estritamente em linhas de negócios. Essa mudança levou a economias diretas e indiretas. Fanandakis diz que, assim que os negócios passaram a ter os custos sob seu controle, eles adotaram uma visão mais rigorosa para seus gastos. O efeito dominó levou a uma economia maior do que o abandono da estrutura matricial conseguiria obter sozinho. Ao todo, a DuPont cortou US$ 1 bilhão em custos anuais — apenas uma parcela do que a Trian disse que a empresa economizaria, mas ainda assim um ganho muito bem-vindo.

Analisando aquele início da história com a Trian, Fanandakis diz: "Nosso maior erro foi que, como as informações que eles nos apresentaram nas primeiras reuniões eram tão extremas, entramos em modo de batalha. Se pudéssemos voltar no tempo, não ficaríamos tão na defensiva". Em vez disso, ele tentaria ser colaborativo — mostrar à Trian onde os números apresentados estavam errados e os dele estavam certos e buscar uma linha de ação mais ponderada que beneficiaria tanto a empresa quanto o investidor. No final, a presença desse ativista no conselho ajudou a DuPont a cortar despesas, melhorar sua estrutura de capital e renovar seu portfólio, tudo em benefício do valor ao acionista de longo prazo.

Lidando com um ativista destrutivo

Alguns ativistas farão jus aos seus piores pesadelos e, no mínimo, trarão uma energia diferente às reuniões do conselho. Brennan, da Vanguard, argumenta que, com algumas exceções, ter um ativista no conselho muda a dinâmica para pior. Ele diz: "O mercado deve ser a força que garante que os conselhos e as equipes de gestão sejam produtivos, econômicos e orientados para o sucesso e é por isso que eles precisam acertar a estratégia, a gestão de talentos e a gestão de riscos. É diferente quando alguém no conselho tem um interesse pessoal. O ativista se aproveita de uma aberração ou cria uma aberração para ser disruptivo".

Um ativista no conselho também pode ter uma conduta destrutiva. Shelly Lazarus, ex-CEO da Ogilvy & Mather, acredita que o tom e o comportamento fazem uma grande diferença nas reuniões do conselho e que alguns ativistas parecem ter um doutorado em como confrontar as pessoas da maneira mais agressiva possível. Ela diz: "Acho que o conteúdo do que os ativistas trazem é muito importante, mas ninguém precisa desse tipo de provocação. Se eles insistirem em fazer parte do conselho e a empresa aceitar, eles precisam saber se comportar. É importante ser construtivo. Ter alguém jogando bombas incendiárias a cada meia hora não aumenta a eficácia do conselho".

Se um ativista entrar no seu conselho, ele pode ficar obcecado por pequenos detalhes e, dependendo do tipo de empresa, também ter dois pesos e duas medidas. Ron O'Hanley, da State Street, conta sobre a atenção obsessiva aos detalhes e o ceticismo que o CEO da Ford, Mark Fields, enfrentou, apesar de ter o que hoje parece ser um plano muito bom, em comparação com as passadas de pano que os investidores estavam dando a Elon Musk quando ele falava sobre a Tesla. O'Hanley diz: "Nem todo mundo é disruptivo. Podemos fazer perguntas diferentes, mas devemos ter o mesmo nível de escrutínio. Vamos deixar o disruptor se safar com gráficos conceituais e estamos matando o CEO de tédio quando insistimos em discutir a linha g42 da planilha e querendo convencer a todos que o certo é x e não $1,2x$?" Se você tem uma empresa tradicional, a entrada de um ativista pode ser um desafio.

Mesmo assim, até os relacionamentos mais difíceis podem dar frutos, como um CEO novato aprendeu com seu relacionamento com o ativista mais difícil de todos. A lição que ele aprendeu: seja aberto, mas não tenha medo de resistir quando for o caso.

No Capítulo 2, vimos que uma das principais funções do conselho é investigar o desempenho da administração ao lançar novos produtos, reequilibrar as linhas de negócios existentes e fazer aquisições. E, se fizer esse trabalho com rigor, o conselho estará concebendo a estratégia como um ativista faria. Ao longo do ano, em todas as reuniões de estratégia, quando os membros do conselho questionam a administração sobre novas oportunidades de grande escala, eles devem sempre manter os ativistas em mente, ajudando a administração a encontrar o equilíbrio certo entre o planejamento de curto e de longo prazo e entre os vários stakeholders da empresa.

O conselho deve ser o impulsionador do pensamento de longo prazo. O investimento anual para construir o futuro é absolutamente indispensável. Os conselhos podem tomar muitas medidas para ajudar a criar uma perspectiva de longo prazo — digamos, adotando um plano de oito trimestres em vez de um plano de quatro trimestres, com uma revisão dos *milestones* a cada trimestre. Se uma empresa investe tendo em vista o futuro e o desempenho de curto prazo cai, o único risco concreto em curto prazo é a vulnerabilidade a uma aquisição. Os conselhos devem entender por que os gestores podem ser pressionados a focar o curto prazo e apoiá-los para adotar uma visão de longo prazo.

O papel do CEO para atingir esse equilíbrio é se conscientizar de todos os pontos de pressão e oportunidades que os ativistas podem identificar e discuti-los com o conselho. Os acionistas ativistas fazem sua lição de casa. Eles podem exagerar quando abordam a administração e o conselho, mas a lacuna entre desempenho e oportunidade costuma ser real e bem documentada. Eles consultam a McKinsey, ex-diretores financeiros e CEOs e podem arcar com o custo, que será pequeno em comparação com seu investimento e ganho potencial.

Os ativistas analisam as empresas de várias maneiras diferentes. Eles analisaram a estrutura de capital de uma empresa, como Trian fez com a GE em 2015 antes de declarar que a empresa tinha espaço para uma dívida adicional de US$ 20 bilhões para financiar o crescimento. Os ativistas também analisam a estrutura de custos — não apenas o custo operacional, mas também o custo de marketing, por exemplo.

As empresas tradicionais tendem a ver os custos de vendas, gerais e administrativos como um único item, enquanto as empresas digitais separam os custos de vendas e os consideram um investimento no crescimento. Essas empresas podem medir a eficiência comparando suas despesas de vendas como uma porcentagem das receitas em relação aos concorrentes. Por exemplo, as despesas de vendas e marketing da empresa de software Citrix representaram 40,3% da receita em 2014 — bem acima da média do setor. Os ativistas entraram em cena no ano seguinte.

Os ativistas também analisam os portfólios das empresas. As perguntas que um ativista faz incluem: se uma empresa tem negócios não relacionados, cada unidade tem um desempenho melhor do que seus pares? A sinergia que a administração afirma que as unidades têm se traduz em dólares e centavos? Alguma unidade seria mais valiosa para outra empresa? Os gestores de empresas diversificadas às vezes alocam dinheiro de um negócio saudável em um negócio doente. A Sears fez isso nas décadas de 1980 e 1990 e não investiu o suficiente em TI, que foi a base do sucesso do Walmart.

Para evitar atrair ativistas, tome cuidado com o excesso de caixa. Os ativistas analisam a alocação de capital na forma de caixa. Na era digital, uma grande parcela do investimento de capital é composta de despesas operacionais. Desse modo, uma empresa precisa de uma estratégia que estabeleça como irá gerar e alocar caixa por um período mínimo de três a cinco anos.

Muitas empresas tornaram-se geradoras de caixa líquido e as taxas de empréstimo estão perto de zero. Na ausência de planos confiáveis de alocar o caixa em crescimento e aquisições, a administração pode cair na tentação de usar o dinheiro para recomprar ações e pagar dividendos. O conselho deve se manter atento para garantir que as recompras de ações reduzam o número de ações em circulação. Caso contrário, é provável que tenha alguma coisa errada, como quando uma parcela grande demais da remuneração é feita na forma de opções sobre ações, que diluem as ações e suprimem o preço delas. O CEO da BlackRock, Larry Fink, falou abertamente sobre essa crítica em uma carta aos CEOs — muitos aumentos de dividendos e recompras em vez de crescimento dos negócios.

Os ativistas procuram empresas que demoram a se adaptar à era digital. A digitalização está transformando os negócios e algumas empresas tradicionais não estão se movendo com rapidez suficiente. Os retardatários comuns são as lojas físicas de varejo, onde o declínio no tráfego das lojas está acelerando. Uma empresa tradicional pode pensar que um crescimento anual de 15% é fabuloso e não ajustar para uma diminuição estrutural nas vendas totais da loja.

Os ativistas também procuram ações subvalorizadas. O mercado pode não reconhecer o potencial da estratégia de uma empresa ou o valor de novas iniciativas para o desempenho de curto e de longo prazo, talvez porque a credibilidade da administração esteja baixa. O conselho deve desenvolver aliados na comunidade de investimentos para garantir que a administração tenha apoio para planos de longo prazo bem fundamentados.

Uma tendência que está ajudando a isolar as empresas é a mudança na estrutura dos investimentos. Brennan, da Vanguard, diz: "Os ganhos de participação de mercado por investidores indexados são uma grande vitória para a governança e para o desempenho corporativo ao longo do tempo. O ideal seria ter uma grande parte de suas ações detidas por investidores indexados que têm um interesse muito concreto no sucesso de longo prazo de sua empresa ao mesmo tempo que também recebe feedback de curto prazo do mundo ativo".

O papel dos membros do conselho é construir credibilidade com os investidores. Com isso, o conselho deve ajudar os gestores a encontrar uma maneira de atingir as metas trimestrais de desempenho ao mesmo tempo que investem para construir o futuro da empresa. Antes das teleconferências com os investidores, oriente o CEO para fornecer informações detalhadas e evitar perguntas de analistas do *sell-side*, como "Qual é a alíquota de impostos do próximo trimestre?" Associe o longo prazo com o curto prazo ao responder às perguntas dos investidores. O conselho deve ficar de olho em atitudes defensivas por parte da administração e dentro do conselho. Ouça com atenção as teleconferências com investidores, não apenas as da sua empresa, mas também de um grupo selecionado de pares.

As melhores empresas usam o dia do investidor como um exercício de como falar sobre sua estratégia. Por exemplo, a J.P. Morgan organiza uma conferência de um dia inteiro para os investidores todos os anos, cobrindo todas as linhas de negócios, e os gestores passam três meses se preparando para o evento, adiantando-se a perguntas que poderão enfrentar na frente da multidão. Cada divisão deve resumir esses três meses de trabalho em uma apresentação de trinta minutos.

No processo de preparação para a conferência, Mary Erdoes, em seu papel como CEO da J.P. Morgan Asset & Wealth Management, pede à sua equipe: "Quero saber a verdade, nada mais que a verdade". Ela diz: "É uma coisa de louco. Ainda não encontrei um jeito de fazer meu pessoal sentir o desconforto que eu sinto, porque eles não precisam falar na frente de uma plateia lotada com todos os analistas do mundo, além de legisladores e outras linhas de negócios da empresa. Então você se prepara e, quando acha que está pronto, se prepara um pouco mais". Mas pode ter certeza de que esse tempo de preparação vai valer a pena.

O ativista alfa: o que um contato imediato pode lhe dizer

De todos os ativistas que se envolveram com empresas de capital aberto, o mais renomado — ou infame, dependendo do ponto de vista — é Carl Icahn, cuja fama como predador corporativo remonta à década de 1980, com sua aquisição hostil da Trans World Airlines.

Icahn fez sua oferta para a Motorola em janeiro de 2007 na forma de uma mensagem de voz para o CEO Ed Zander, que participava da conferência anual em Davos, Suíça, com seu diretor de operações, Greg Brown, hoje presidente do conselho e CEO da Motorola Solutions. Zander também fazia parte do conselho da Time Warner, onde Icahn exigia mudanças. Icahn podia estar tentando, nos bastidores, conseguir ajuda da Time Warner — ou podia estar ligando para dizer "Hello, Moto". Brown disse a Zander: "Você não pode deixar de falar com ele". Zander retornou a ligação. Era "Hello, Moto".

Icahn adquiriu uma posição de 5% na empresa. Sua maior motivação: o excesso de caixa da Motorola. Recentemente, Zander tinha dado uma entrevista na CNBC e o entrevistador perguntou o que ele pretendia fazer com o dinheiro. Sua resposta: "Acho que vou espalhar no chão e deitar e rolar em cima". A Motorola também estava tendo problemas operacionais. Seu carro-chefe, o celular Razr, estava vendendo bem, mas estava perdendo popularidade; seu preço também estava caindo. E a divisão de telefonia móvel, a maior divisão da empresa, estava em péssimas condições e tinha o potencial de destruir todo o conglomerado Motorola.

Brown diz: "O que as pessoas viam era a Maria Sharapova e o David Beckham vendendo o Razr em várias cores diferentes. Mas tínhamos dezenas de outros celulares e cinco sistemas operacionais, vários semicondutores, três pilhas de software diferentes. Nós éramos uma campanha de marketing. Uma excelente campanha de marketing. Mas por trás disso tínhamos uma empresa terrivelmente administrada".

Icahn colocou dois representantes no conselho da Motorola. A orientação de Icahn, diz Brown, foi "desmembrar a empresa, desmembrar a empresa, desmembrar a empresa". Zander resistiu. Ele achava que a divisão de telefones celulares, um negócio pioneiro da Motorola, ainda representava o futuro da empresa. Até que Zander foi forçado a sair. Brown o substituiu e Icahn ligou para ele logo depois. Brown conta: "Ele basicamente disse: 'Essa empresa passou anos sendo mal administrada. Não sei quem você é, mas você é o cara que vai ter que dar um jeito nisso. Você tem de seis a nove meses para fazer a diferença ou vamos botar outra pessoa no seu lugar'".

A reação de Brown é um excelente exemplo de como lidar com um ativista enquanto protege o valor de longo prazo da empresa. Ele concluiu que seria melhor não se opor à sugestão de Icahn sobre o que fazer só porque ele era uma pessoa de fora. "Eu não estava preocupado com Icahn nem com o que as pessoas pensariam. Se for uma boa ideia, não importa de onde vier, vamos considerar", diz ele. "Quando Icahn entrou na empresa, a reação natural foram aparecerem anticorpos. Mas eu pensei: 'Se ele puder ser um catalisador de mudanças, por que não fazer o que ele está sugerindo?'"

Em poucos meses, Brown demitiu o diretor de negócios de telefonia celular, foi para Wall Street e reduziu drasticamente as expectativas de lucros, e anunciou planos de desmembrar a divisão de telefonia móvel. Brown diz: "Achei que era uma tremenda oportunidade para a administração impulsionar a mudança porque tínhamos um negócio muito doente e tínhamos um ativista vocal e muito forte exigindo mudanças. No fim, não discordei de nenhuma mudança exigida por Icahn".

Exceto por uma: vender a entidade restante da Motorola, que se concentrava principalmente em segurança pública e comunicações de emergência, assim que a divisão de telefonia móvel fosse desmembrada. Seria o único ponto de desacordo entre eles. Levou três anos para desmembrar a empresa. Brown não queria colocar uma placa de "vende-se" na frente da Motorola. Icahn respondeu que Brown não tinha como saber se conseguiria aumentar o preço das ações da empresa e que Icahn só estava tentando proteger sua posição.

Brown apontou tudo o que ele já tinha feito por insistência de Icahn, incluindo a venda da maior parte da empresa. Ele disse: "Já mostrei que estou disposto a fazer mudanças. Deixe que eu cuido disso e, se um comprador aparecer, tudo bem. Mas me dê um tempo para melhorar as operações".

O conselho apoiou Brown. Icahn acabou vendendo seus 23,7 milhões de ações da Motorola Solutions por US$ 49,15 cada. No início de 2020, a ação atingiu uma alta de US$ 187. "Eu nunca deveria ter vendido", ele disse a Brown depois. "Você me ferrou com aquele negócio." Era uma brincadeira; a decisão de vender tinha sido dele. E ele ainda ganhou mais de US$ 500 milhões em lucros com seus investimentos na Motorola.

Enfrentar Icahn mostrou ao investidor que Brown estava pronto para assumir o comando. Mas o que realmente consolidou o relacionamento deles foi a decisão de Brown de aceitar uma mudança que diluiu seu controle gerencial. Depois que Brown afastou o CEO da divisão de telefonia móvel, ele procurou um substituto com conhecimento técnico para liderar o negócio até que a Motorola pudesse desmembrá-la. Brown encontrou um candidato que concordou em aceitar o cargo — Sanjay Jha, então diretor operacional da Qualcomm. Mas, no último minuto, Brown recebeu a notícia de que Jha só toparia se fosse nomeado co-CEO da empresa toda. Brown achou que era um blefe; afinal, ele seria o CEO da divisão de telefonia móvel de qualquer maneira assim que ela fosse desmembrada. O impulso de Brown foi pagar para ver. O conselho disse que o apoiaria na decisão que ele tomasse.

Brown recebeu um telefonema de Keith Meister, um dos representantes de Icahn no conselho da Motorola. Meister quis saber o que ele planejava fazer. Brown disse que pensaria a respeito, mas que tendia a não dar o cargo de co-CEO, especialmente depois da maneira como Jha exigiu o cargo. Meister disse a Brown: "O Icahn vai estar de olho nessa decisão. Não vá pisar na bola".

Brown não tinha dúvida de que Jha era a pessoa certa para o trabalho. E ele achava que havia 90% de chance de Jha aceitar o emprego mesmo se não conseguisse o que estava pedindo. Brown consultou alguém a quem sempre recorre quando precisa de um bom ouvido, seu filho Troy, que lhe disse o óbvio: se houvesse uma chance em dez de perder Jha, ele seria louco de correr esse risco. Na segunda-feira, Brown concordou em dar a Jha o título de co-CEO.

Ele conta: "Até hoje o Icahn diz que foi a melhor decisão que eu tomei, e isso cristalizou a confiança dele em mim. Ele me disse: 'A maioria das pessoas pensa no próprio ego e em se proteger e você tomou a decisão certa para a Motorola e errada para você'. Foi assim que conquistei a confiança dele".

A relação com Icahn deixou Brown com uma opinião diferente dos ativistas. Brown descreve Icahn como "uma combinação de Walter Matthau, detetive Columbo e o professor John Nash, de *Uma mente brilhante*, com um toque de vilão"[1]. Ele pode ser intimidador e direto demais, mas Brown gosta da franqueza e da objetividade dele. Brown diz: "O que eu gosto no Carl é que me diz na minha cara o que pretende fazer com a empresa ou o conselho. Ele vai direto na jugular, em grande parte para testar a sua coragem e sua convicção".

Icahn costumava fazer a mesma pergunta a Brown repetidas vezes. Brown percebeu que Icahn já sabia a resposta e só queria ver se a resposta de Brown era sempre a mesma. Se houvesse alguma divergência, Icahn queria saber por quê. No começo, Brown temia essa pressão e exigências constantes, mas, com o tempo, isso lhe deu abertura para também ser mais direto. Ele diz: "Eu podia falar abertamente com o Icahn. Eu podia dizer qualquer coisa. Passei do medo para um engajamento mais confortável". Icahn saiu da empresa depois de seis anos, mas os dois mantêm contato e jantam duas ou três vezes por ano.

Hoje Brown acredita que os objetivos da maioria dos ativistas não são muito diferentes dos outros investidores. Ele diz: "Em geral o acionista ativista e o acionista generalista têm mais em comum do que têm de diferente. Quando você diz que esses ativistas são mais de curto prazo, comprando e vendendo rápido, essa forma de pensar pode ter base na narrativa conveniente da administração de não fazer o que os ativistas estão sugerindo que você faça".

Os ativistas separam as questões de negócios em um conjunto de fatos e números com premissas muito claras. Cabe a você concluir o que é certo ou errado. Acontece muito de a narrativa da administração não se converter em valor para o acionista e o debate se concentrar mais na diferença de estilo do que de conteúdo. Icahn foi o ativista certo para a Motorola e para Brown, no momento certo.

---

[1] Nota da editora: Walter Matthau foi um ator de drama e comédia estadunidense. *Columbo*, uma série de televisão criada nos Estados Unidos da América cujo protagonista era um detetive chamado Columbo que desvendava mistérios a cada episódio. *Uma mente brilhante* é o título da biografia do matemático e prêmio Nobel John Forbes Nash, publicada em livro (1998) e transformada em filme (2001).

Brown aprendeu que o mais importante ao lidar com um investidor ativista é saber quando deixar o ego de lado e dizer sim e quando dizer não. O objetivo: sempre fazer as mudanças que constroem o valor de longo prazo da empresa — mesmo se a ideia não for sua.

CHECKLIST PARA ENGAJAR-SE COM OS INVESTIDORES

- Entre em contato com alguns de seus investidores todos os anos. Convide-os para fazer apresentações.
- Descubra o que os investidores sabem sobre você, quais fontes eles consultam e as métricas que eles usam para avaliar sua empresa em relação aos concorrentes.
- Prepare-se para explicar aos investidores como você garante que a administração se mantenha focada na criação de valor de longo prazo.
- Prepare-se para informar os investidores sobre os procedimentos de sucessão e os critérios para definir o salário, bônus, recompensas por desempenho e outras compensações dos executivos.
- Diga sim a qualquer investidor que peça uma reunião.
- Conecte-se com investidores depois das teleconferências de ganhos.
- Não permita que sua empresa dê sugestões ou orientações sobre ganhos. Se for absolutamente necessário, deixe muito espaço de manobra.
- Mantenha seus grandes investidores institucionais por perto; com o apoio deles, nenhum ativista pode forçar a entrada em seu conselho.
- Não descarte convidar um ativista para seu conselho se ele mostrar interesse em criar valor de longo prazo.
- Seja receptivo a mudanças sugeridas por um investidor. Siga a lógica e não seja movido pelo que as pessoas podem pensar se você aceitar a sugestão.

Conclusão

ESG:
O QUADRO GERAL, NÃO APENAS UMA PEÇA DO QUEBRA-CABEÇA

Nosso objetivo ao escrever este livro foi ajudar os membros do conselho a redefinir o conceito de retorno total ao acionista, adotando uma visão de longo prazo e concentrando-se no tripé do talento, estratégia e risco.

Nas entrevistas que conduzimos com dezenas de líderes e membros do conselho de empresas, o tema das questões ambientais, sociais e de governança (ESG) surgiu com muita frequência. E, com base em nossa própria experiência trabalhando com conselhos, sabemos que o ESG é uma prioridade de muitos membros do conselho. Você deve ter notado, contudo, que não incluímos um capítulo dedicado ao ESG nem o abordamos como um tema à parte. Não vemos o ESG como um tema distinto, e as questões relacionadas ao ESG estão entrelaçadas ao longo do livro. De certa forma, é impossível separar o TSR do ESG.

Quando falamos sobre talentos neste livro, discutimos a gestão de capital humano, a diversidade e culturas corporativas saudáveis. Quando falamos sobre a estratégia, discutimos a sustentabilidade dos modelos de negócios e a capacidade de adiantar-se a mudanças na demanda do consumidor. Quando falamos sobre o risco, discutimos as coisas que podem dar errado: escândalos bancários, desastres aéreos, pandemias, assédio sexual, injustiça social e econômica, o agravamento da crise climática. Todas essas questões pertencem ao ESG.

No fim das contas, todas essas questões são da alçada dos membros do conselho nomeados para governar uma empresa — o G do ESG. Os conselhos devem entender e se responsabilizar pela maneira como suas empresas podem afetar ou ser afetadas por esses fatores.

Contando a sua história

Como as empresas devem reportar suas práticas de ESG? Não faltam opções ou opiniões. Nos últimos anos, vimos uma explosão no número de modelos de relatórios baseados no mercado, enquanto os requisitos de relatórios regulamentares continuam a evoluir ao redor do mundo em uma velocidade desigual. Muitas empresas e investidores acabam frustrados com isso. O refrão que ouvimos muito dos conselhos e das equipes de gestão foi: "Só nos diga qual modelo usar". Ao mesmo tempo, os investidores têm exigido informações claras, padronizadas e comparáveis para permitir decisões melhores.

Esforços contínuos têm sito feitos para impulsionar a padronização dos relatórios de ESG, principalmente por grupos como o Conselho de Padrões de Contabilidade de Sustentabilidade e a Força-Tarefa sobre Divulgações Financeiras Relacionadas ao Clima. Esse movimento lembra os esforços para padronizar as normas e os princípios contábeis cerca de um século atrás. Não importa se os padrões de relatórios ESG forem criados por meio de iniciativas baseadas no mercado, regulamentação ou uma combinação dos dois, esses padrões são necessários para beneficiar tanto as empresas quanto os investidores.

Para os investidores, o contexto pode ser tão importante quanto os dados brutos. Cada empresa tem sua própria história, estratégia e um conjunto sem igual de desafios relacionados ao ESG. As empresas precisam reconhecer as áreas nas quais elas podem se destacar — para o bem ou para o mal — e perguntar: somos líderes ou somos retardatários? E como contamos essa história para que os investidores entendam?

Em longo prazo, uma convergência de interesses

Na introdução, falamos sobre o apelo da Business Roundtable para que as empresas não se limitem a servir seus acionistas. Em sua Declaração sobre o Propósito de uma Corporação de 2019, a Business Roundtable afirmou que as empresas também devem fornecer valor aos outros stakeholders, como clientes, funcionários, comunidades e fornecedores. A declaração provocou confusão e debate, especialmente nas salas do conselho e entre os encarregados de supervisionar os deveres fiduciários para com os acionistas. Algumas pessoas se preocupavam com a possibilidade de isso implicar uma total reviravolta do sistema e de relegar os acionistas a serem apenas mais um stakeholder. Essas preocupações se revelaram infundadas e não estamos vendo uma revolução nas expectativas do mercado a esse respeito.

Os acionistas fornecem capital às empresas para gerar retornos. É por isso que as pessoas investem, como confirmaram sucessivos levantamentos. Apesar de todo o caos, riscos e incertezas inerentes aos mercados de capitais, o mercado também valoriza a ordem. Na ausência de estrutura ou clareza de expectativas por parte de acionistas e stakeholders em relação à empresa, a administração e o conselho basicamente não são responsáveis por nada. E, quando os líderes da empresa não são responsabilizados por nada, as coisas degringolam.

Acreditamos que se chegou a um consenso de que a declaração da Business Roundtable é um reconhecimento pragmático da maneira como as empresas estão evoluindo. Cada vez mais empresas estão constatando que o valor para o acionista não é criado no vácuo. Se uma empresa opera sem atenção ou preocupação para com seus clientes, funcionários, fornecedores ou comunidades, ela destruirá o valor para o acionista no longo prazo. Na verdade, no longo prazo, os interesses dos acionistas e dos stakeholders convergem.

Shelly Lazarus expressou essa ideia muito bem no Capítulo 2, quando descreveu a mudança contínua em direção à sustentabilidade dos negócios. "Agora que todos os stakeholders de qualquer empresa estão começando a ver a importância dessas ações, as melhores empresas já as incorporaram em seus planos", ela disse. "Se você é orientado ao mercado, sabe que o mercado já está se manifestando sobre a importância desse tipo de coisa — como você trata seus recursos, como você interage com a comunidade, se você tem uma visão de longo prazo sobre seu impacto na sociedade."

Por exemplo, um foco do ESG é reduzir a produção de dejetos. Nenhuma empresa tem como melhorar a qualidade do ar sozinha, mas qualquer empresa pode tomar a decisão unilateral de parar de poluir. Pode ser necessário mudar seu modelo de negócios e investir em novas tecnologias de fabricação e desenvolvimento de produtos, mas, em longo prazo, reduzir o desperdício reduzirá custos, aumentará os lucros e criará valor de longo prazo.

As iniciativas educacionais podem funcionar da mesma maneira. Muitas empresas americanas estão investindo na educação, seja diretamente ou por meio de fundações. Longe de ser um ato de caridade, o objetivo é ajudar a garantir que os funcionários de amanhã tenham as habilidades das quais as empresas precisarão. Esses programas também podem ajudar a reduzir a desigualdade financeira que ameaça destruir os Estados Unidos. As empresas de capital aberto têm um papel a desempenhar neste domínio. E um número cada vez maior de investidores, especialmente os mais jovens, espera que as empresas levem esse papel a sério.

No fim das contas, o debate não é sobre acionista *versus* stakeholder, mas sobre curto prazo *versus* longo prazo. Investidores como a Vanguard passaram mais de uma década promovendo o desenvolvimento de uma visão de prazo mais longo, reconhecendo que a criação de valor de longo prazo é o que mais interessa aos investidores.

Liderar uma organização para o longo prazo é fácil na teoria. Mas o longo prazo é composto de milhares de curtos prazos e pode ser quase impossível para uma empresa satisfazer interesses de todos os seus constituintes o tempo todo. A pressão para satisfazer os acionistas e os stakeholders pode ser intensa. Como bem disse Jeffrey Ubben: "A sustentabilidade é uma solução para combater a miopia do curto prazo". Liderar uma organização focada na sustentabilidade de longo prazo requer coragem e visão.

É por isso que os conselhos são vitais. Um conselho é o responsável pelo valor de longo prazo para os acionistas e os stakeholders de uma empresa. Juntos, os membros de um conselho podem acumular várias décadas de experiência. Estamos falando de muito mais tempo do que a maioria dos CEOs servirá e mais do que muitos investidores manterão as ações. Na qualidade de um órgão de governança perpétuo, o conselho tem a perspectiva e a capacidade únicas de supervisionar, orientar e empoderar a empresa para criar um valor sustentável de longo prazo.

AGRADECIMENTOS

Somos profundamente gratos aos muitos CEOs, membros do conselho e executivos seniores que nos concederam seu tempo para as entrevistas e contribuíram para aprimorar nossa visão de como converter grandes ideias nas ações facilmente executáveis apresentadas neste livro. Os vários investidores que colaboraram para este livro, incluindo Warren Buffett, também nos ajudaram muito ao confirmar nossa tese de que tudo pode ser resumido em acertar três coisas — talento, estratégia e risco — para aumentar o valor da empresa, focar o tipo certo de crescimento e reforçar o potencial de longo prazo para todos os que colocam seu dinheiro no mercado.

Devemos agradecimentos especiais a Herb Allen, Mary Barra, Elena Botelho, Ed Breen, Jack Brennan, Bruce Broussard, Mary Erdoes, Lynn Forester de Rothschild, Abe Friedman, Ed Garden, Raj Gupta, Michele Hooper, Muhtar Kent, Shelly Lazarus, Bill McCracken, Anne Mulcahy, Sam Nunn, Ron O'Hanley, Dan Riff, Brian Rogers, Kevin Sneader, Brendan Swords, Mark Turner e Jeff Ubben. Também somos muito gratos aos comentários de Kenneth Abrams, John Averill, Eunhak Bae, Nicolas Choumenkovitch, Wendy Cromwell, Bob Hallagan, Evan

Hornbuckle, Tom Levering, Gregory Mattiko, Dave Palmer, Dan Pozen, Saul Rubin, Tara Stilwell e Mark Whitaker.

Duas pessoas foram essenciais para transformar nossa montanha de ideias em um texto legível. A primeira é a nossa editora da Harvard Business Review Press, Melinda Merino. Usando seu conhecimento das tendências e questões corporativas, Melinda ajudou a definir o que o livro deveria conter e a melhor forma de apresentá-lo. Seu trabalho de acompanhamento foi enorme, imensamente útil e sempre encorajador. Não poderíamos ser mais gratos pela orientação que recebemos dela.

A segunda pessoa é Andrew Kupfer, que transformou com maestria a contribuição de três autores e uma montanha enorme de conteúdo em um livro absolutamente legível que respeita o tempo dos leitores. Tivemos a sorte de colher os benefícios dos anos de experiência de Andrew como jornalista e editor da *Fortune*. Seu pensamento claro e suas excelentes habilidades de redação e edição conquistaram nossa admiração e tiraram um fardo enorme dos nossos ombros.

Também somos gratos à equipe de produção da HBR, liderada por Anne Starr, cuja experiência e atenção aos detalhes são absolutamente espetaculares. E gostaríamos de agradecer ao designer gráfico Scott Berinato, que foi muito criativo na tradução de nossas ideias em imagens.

De Bill McNabb: Sou imensamente grato aos meus colegas da Vanguard por todo o apoio neste projeto, a começar por Tim Buckley, Anne Robinson e Chris McIsaac. O pensamento crítico e o incentivo deles foram inestimáveis. Grande parte dos dados usados neste livro vieram de várias fontes espalhadas pela Vanguard. Mike Buek, Andy Clarke, Kasia Kraszweska, Ryan Ludt, Mike Nolan, Jim Rowley, Amanda Shah e Haifeng Wang foram de grande ajuda. Os especialistas em governança da Vanguard — Glenn Booraem, Rob Wherry e Sarah Relich — trabalharam em estreita colaboração conosco e, sem eles, este livro não teria sido possível. Por fim, "obrigado" parece totalmente inadequado para Bryan Thomas e Vickie Leinhauser. Eles participaram de todos os estágios deste livro e continuam nos dando um apoio imensurável.

De Ram Charan: Tive o privilégio de aprender, em muitas conversas e colaborações ao longo dos anos, com líderes empresariais como Kumar Birla, Bob Bradway, Dick Brown, Chad Holliday, Lois Juliber, Jorge Paulo Lemann, Kathy Murphy, Doug Peterson, Helene Runtagh, Anna Saicali, Carlos Alberto Sicupira, Cecilia Sicupira, Sumant Sinha, Michael Useem, Ed Woolard e Qin Yinglin. Meu parceiro de negócios de longa data, John Joyce, me ajudou com muitas críticas, sugestões e apoio durante todo o processo de escrita deste livro. Minhas assistentes Cynthia Burr e Lisa Laubert administraram com grande habilidade os desafios logísticos e me deram um apoio inestimável. Geri Willigan, que trabalhou comigo em questões de governança corporativa desde meu primeiro livro sobre conselhos de administração mais de vinte anos trás, também foi uma colaboradora essencial para este livro.

De Dennis Carey: Gostaria de agradecer a Gary Burnison, o CEO a quem sirvo na Korn Ferry, que encoraja todas as pessoas da empresa a promover novas ideias, aprender com outras empresas e desenvolver nosso perfil da maneira certa nos mercados que atendemos. Também sou imensamente grato a Donna Gregor, minha assistente que me acompanha há trinta anos e que tem sido a base da minha capacidade de fazer as coisas com atenção e confiança. Também gostaria de agradecer a Joe Griesedieck, vice-presidente do conselho da Korn Ferry, que me recrutou para essa empresa espetacular. Ele sempre esteve presente para apoiar meus projetos de pesquisa, meu trabalho com os clientes e outros empreendimentos. Tem sido um grande amigo e colega há mais de trinta anos e aprendi com ele a importância de incluir senso de humor, decência e diplomacia em tudo o que fazemos. E meus agradecimentos especiais à minha família adotiva — Katrina, Moritz, Chamonix, Brighton e Soleil —, que me ajudou a esquecer do trabalho trazendo diversão à minha vida — e, é claro, ao meu filho Matt e à minha filha Maggie, a quem sempre amei ao longo da maravilhosa jornada da minha vida.

SOBRE OS AUTORES

Bill McNabb foi presidente do conselho e CEO da Vanguard, uma das maiores empresas de gestão de investimentos do mundo. Entrou na Vanguard em 1986 e tornou-se o CEO em 2008 e o presidente do conselho em 2010. Aposentou-se como CEO em 2017 e como presidente do conselho em 2018. Durante seu mandato como CEO, os ativos sob a gestão da Vanguard mais que quadruplicaram, chegando a US$ 4,4 trilhões. McNabb tem sido um grande defensor da boa governança corporativa e do investimento responsável de longo prazo por meio de cargos de liderança em organizações como a Chief Executives for Corporate Purpose (CECP) e o Investment Company Institute. Ele também trabalha com programas acadêmicos como o Instituto de Governança Raj & Kamla da Faculdade de Administração de Empresas LeBow da Universidade Drexel, o Centro para Mercados Globais e Responsabilidade Corporativa Ira M. Millstein da Faculdade de Direito da Columbia e o Centro de Liderança e Gestão da Mudança da Faculdade Wharton da Universidade da Pensilvânia. McNabb é membro do conselho do UnitedHealth Group, IBM, Axiom e Tilney Smith & Williamson. Também é o presidente do Comitê de Auditoria Independente da Ernst

& Young. Ele é apaixonado pela educação e atua como membro do conselho da Philadelphia School Partnership, como presidente do conselho do Zoológico da Filadélfia e como membro do Conselho Consultivo Atlético da Faculdade de Dartmouth. McNabb é bacharel pela Faculdade de Dartmouth e tem um MBA pela Faculdade Wharton da Universidade da Pensilvânia. Ele e sua esposa, Katie, moram na região da Filadélfia. Eles têm uma filha, três filhos e um bando de netos com energia de sobra.

Ram Charan é um consultor, autor, professor universitário e palestrante que passou os últimos 40 anos trabalhando com CEOs, conselhos e executivos seniores das melhores empresas do mundo. Ele é conhecido por simplificar as complexidades de administrar um negócio no atual ambiente de rápidas mudanças e fornecer soluções práticas e altamente acionáveis — o tipo de conselho que você pode começar a aplicar já na segunda-feira de manhã. Jack Welch, ex-presidente da GE, disse sobre ele: "Ele tem a rara capacidade de separar o relevante do irrelevante, destilar tudo e transmitir esse conhecimento com sensatez e eficácia".

Charan deu coaching a mais de uma dúzia de líderes que se tornaram CEOs e orienta muitos outros em programas internos de educação executiva. Ele foi agraciado com vários prêmios de ensino, incluindo o prêmio Bell Ringer do Instituto Crotonville da GE e um prêmio de melhor professor da Universidade Northwestern. Ele foi incluído na lista da BusinessWeek dos dez principais instrutores de programas internos de desenvolvimento de executivos.

Charan é autor ou coautor de mais de trinta livros que venderam mais de quatro milhões de exemplares e foram traduzidos para mais de doze idiomas. Quatro de seus livros foram best-sellers do *Wall Street Journal*. *Execução*, escrito com Larry Bossidy, ex-CEO da Honeywell, passou mais de 150 semanas na lista de best-sellers do *New York Times*. Ele também tem artigos publicados na *Harvard Business Review*, *Fortune*, *Chief Executive* e outras publicações. Seus cinco livros anteriores sobre governança corporativa incluem *Governança ativa*, *Governança corporativa que produz resultados* e *Reinventando a governança corporativa*. Charan e Dennis Carey são coautores de *Governança ativa* (com Michael Useem) e *Talent Wins* (com Dominic Barton).

Em 2005, Charan foi eleito um Distinguished Fellow da Academia Nacional de Recursos Humanos. Em 2010, foi nomeado pela *NACD Directorship*, a revista oficial da Associação Nacional de Membros de Conselhos Corporativos, como um dos "Directorship 100", as pessoas mais influentes na área da governança corporativa e nas salas dos conselhos. Ele foi membro da Comissão Blue Ribbon do Comitê de Governança da Associação Nacional de Membros de Conselhos Corporativos e atua ou atuou em uma dúzia de conselhos de administração nos Estados Unidos, Brasil, China, Índia, Canadá e Dubai.

Dennis Carey é vice-presidente do conselho da Korn Ferry. Ele liderou programas de sucessão de CEOs e programas de engajamento do conselho em algumas das empresas mais proeminentes dos Estados Unidos, incluindo a Ford, Tyco, 3M, Humana, AT&T e GSK. Ele também conduziu programas de atualização do conselho em várias empresas da *Fortune 500*, incluindo formações completas do conselho para *spin-outs* corporativos e IPOs. Alguns exemplos incluem a Goldman Sachs, Phillips 66, Covidien, Delphi, TE Connectivity, ADT e os *spin-offs* da Otis Elevator e da Carrier (desmembradas da United Technologies Corporation).

Na área de fusões e aquisições, Carey ganhou fama por integrar novos talentos e reduzir os riscos culturais decorrentes dessas complexas transações. Ele mede o sucesso pelo desempenho desses talentos ao longo do tempo e seu impacto no retorno de longo prazo para os acionistas. Atualmente ele atua no conselho de administração da Nexii, uma empresa de tecnologia de construção verde sediada em Vancouver.

Em 1999, Carey fundou a CEO Academy para fornecer um curso intensivo de atualização de dois dias para CEOs de longa data, CEOs mais recentes e potenciais sucessores. Afiliada desde 2017 à Faculdade Wharton da Universidade da Pensilvânia, a CEO Academy desponta como o melhor programa do gênero nos Estados Unidos. Carey fundou o The Prium em 2008 com o objetivo de criar um fórum exclusivo para os CEOs das empresas mais bem administradas da América. Essas duas organizações têm atraído alguns dos executivos mais proeminentes e ponderados do país.

Carey ministra cursos de governança na Faculdade Wharton desde 2015 e foi agraciado com bolsas de pós-doutorado no Seminário Teológico da Princeton e no Instituto de Política da Faculdade Kennedy da Harvard. Ele é coautor de sete livros sobre desempenho do conselho, sucessão de CEOs, estratégia de negócios e talentos e publicou mais de cinquenta artigos, em coautoria com os principais especialistas em suas respectivas áreas. Entre os coautores de seus três livros mais recentes estão o ex-CEO da McKinsey, o ex-CEO da Vanguard e o atual membro do conselho do Centro de Liderança da Wharton.